应运而生

北京运河文化
The Culture of Beijing Canals

River of Destiny

北京文化探微
探寻北京文化 Explore Beijing culture
展现北京魅力 Embody the charm of Beijing

张维佳 郗志群 贺宏志 主编
白文荣 著

北京出版集团
北京教育出版社

图书在版编目（CIP）数据

应运而生：北京运河文化 / 白文荣著. — 北京：北京教育出版社，2018.12（2020年11月重印）
（北京文化探微 / 张维佳，郗志群，贺宏志主编）
ISBN 978-7-5704-0894-8

Ⅰ.①应… Ⅱ.①白… Ⅲ.①运河－文化史－北京－通俗读物 Ⅳ.①K928.42-49

中国版本图书馆CIP数据核字（2018）第281380号

北京文化探微

应运而生
北京运河文化
YINGYUN'ERSHENG

张维佳　郗志群　贺宏志　主编
白文荣　著

出　　版	北京出版集团
	北京教育出版社
地　　址	北京北三环中路6号
邮　　编	100120
网　　址	www.bph.com.cn
总发行	北京出版集团
经　　销	全国各地书店
印　　刷	三河市同力彩印有限公司
版印次	2018年12月第1版 2020年11月第2次印刷
开　　本	710毫米×1020毫米　1/16
印　　张	10.5
字　　数	142千字
书　　号	ISBN 978-7-5704-0894-8
定　　价	53.00元

如有印装质量问题，由本社负责调换
质量监督电话 010-58572393

编委会

丛书主编：张维佳　郗志群　贺宏志

编　　委：（以姓氏笔画为序）

马淑琴	王天娇	王木霞	王东平	王京晶	戈兆一
白文荣	白　巍	冯　蒸	吕秀玉	朱冬芬	李冬红
李迎杰	李　艳	杨安琪	杨学军	伽　蓝	汪龙麟
张　孚	张冬霞	张亦弛	张维佳	陈春馨	陈　晴
陈　溥	赵建军	赵春光	赵崴羽	柴华林	高丽敏
黄丽敬	崔　静	彭　帅	韩雅青	蔡一晨	

总　序

在任何一个国家，其首都文化都是立足于首都定位，根植于首都特色文化资源，在国家文化建设中起着示范性和引领性的作用。美国城市文化学者刘易斯·芒福德（Lewis Mumford）关于城市文化有一段著名论述："世界名都大邑之所以成功地支配了各国的历史，是因为这些城市始终能够代表他们的民族和文化，并把绝大部分流传后代。"

进入21世纪，中国迎来了新的历史时代。十九大报告明确指出"文化自信是一个国家、一个民族发展中更基本、更深沉、更持久的力量"，"深入挖掘中华优秀传统文化蕴含的思想观念、人文精神、道德规范，结合时代要求继承创新，让中华文化展现出永久魅力和时代风采"。"大力推进全国文化中心建设，提升文化软实力和国际影响力"是北京当前和今后一段时期的重要战略任务。如何弘扬和发展首都文化是北京建设全国文化中心的重要课题，对北京发展具有全局性的战略意义。

在这一新的时代背景下，我们十分需要对北京文化进行重新认识与解析，这是北京文化探微丛书出版的使命。

北京有着三千年的历史，是世界著名的古都和现代国际城市，孕育了底蕴深厚、丰富多彩、独特多元的北京文化。北京文化按照时间划分，可分为古代、近代、现代、当代四大类。按照内容性质，可细分为古城、皇家、民俗、革命、工业遗产、现代特色、大众休闲、文化艺术、奥运和文化教育等小类，并各自有着不同的空间载体。不同时期和类型的文化资源反映出北京城市文化精神内涵的不同方面。

北京文化探微丛书中一部分对北京城市文化空间现状进行简要解析，以期探索北京未来的文化发展空间与模式。比如长城、西山、长安街、中轴线、798艺术区等；丛书同时解析了数百年来人们在社会生活中形成并传承下来的各种文化形式，比如京剧、曲艺、老字号、俗语民谣等，意在普及推广优秀的传统文化，促进其在新时代的传播与发展。丛书循着"浅入浅出"的原则，结构上以散点的形式对北京文化的核心价值进行提炼，内容上关照承继，注重当下，面向未来，用通俗易懂的语言和具有代表性的图片，梳理北京文化的诸多方面。丛书力戒专业知识的堆砌，侧重义理的阐发，阐明北京文化中体现人类普遍价值和现代意蕴的内容，传承历史，裨益当代。

丛书在论述北京文化的过程中，始终把中华文化作为参照。中华五千年文化源远流长、博大精深，它是中华民族几千年文明的结晶，是由中华民族创造，为中华民族世世代代所继承发展，具有鲜明民族特色和深刻内涵的文化。从古至今，中华文化都对世界文明的发展贡献巨大，影响深远。北京文化是中华五千年文化的一部分，是中华文化在北京这一特定区域的特色化发展，北京文化无不具体体现着中华文化的印迹。

北京文化探微丛书以文化自信为依归，在新时代背景下和国际化的视野中重新审视北京文化，向大众展示北京的首都风范、古都风韵、时代风貌，擦亮首都文化的"金名片"，是一套"立足本国又面向世界"的普及类图书，可以很好地助力北京在全国文化建设中发挥示范带动作用，助力北京文化走出去，助力北京在国际上形成更大的影响力。

张维佳

序

运河水脉润京城

公元前486年，吴王夫差为称霸中原而开凿邗沟，从而开启了中国上下千年运河水网建设的序幕。随着运河网络的纵深延展，浩荡的粮船一路北上，歇泊古镇张家湾，寻着燃灯塔的航标，通过大光楼的检阅，踏着郭守敬、吴仲的足迹，伴着船夫的号子，穿越时空，驶入北京这座历史文化名城的怀中。

运河从此与北京城结下血脉情缘。运河水脉决定了北京城的发展格局，保障了首都的经济发展、政治稳定。同时皇城的战略地位又促进了运河的开发与管理。从辽南京、金中都至元、明、清几代皇朝定都，北京成为历史上及今天的政治文化中心。

京杭大运河从公元前486年始凿，至1293年全线通航，直至1901年停漕，前后共持续了2387年，是世界上开凿时间最早、流程最长的人工运河。历史上，大运河一直是南北货运的大动脉，自北端北京通州至天津段被称为北运河。

自古以来，北运河有过许多名称，如沽水、鲍丘（邱）水、白河、潞水、潞河、会通河、外漕河、泗河等，它是北京重要的一级河道，海河流域的重要组成部分，承担着防洪、排涝、输水、灌溉等任务。

北京的运河水系可分为上、中、下游三部分。上游为自白浮泉至广源闸的西郊引水部分，也是京城西部重要的园林风景区。中部为连接通州运河的通惠河漕运河道。同时上游的南长河以及坝河、凉水河，在一定时期也发挥了漕运功能。下游即为京杭大运河北运河漕运主航道了。

北京大规模修建运河始于金代，元代迎来了漕运的鼎盛期，奠定了京杭大运河北京地区运河水系的基本格局，为历史上北京城的发展壮大提供了物质保障，也积淀了北京博大、包容、开放的文化底蕴。运河水脉润泽了皇家园林、宫殿庙宇，成就了北京举世瞩目的宫廷文化；先人发现水、引导水、管理水的智慧开创了北京水的文明；诗词歌赋、民俗风情滋养了京师地域的人文精神，形成了北京城独特的文化品位。运河文化流淌在舳舻蔽水的历史长河中，镌刻在星罗棋布的文物古迹上，更渗透于北京未来发展的精髓中。

大运河纵贯南北，涤荡千年，积淀着中华民族的智慧与精神，是展现中华文明的重要文化载体。2014年大运河申遗成功后，运河的历史文化价值被进一步发掘。北京作为京杭大运河的北起点，更是展示运河文化的窗口。讲好运河文化故事，不仅是深入研究学习北京运河文化的必要途径，更是响应习近平总书记关于运河文化保护和传承的号召。

本书讲述了北京运河发展演变过程中的一些重要历史事件、人物、古迹遗址以及其中蕴含的故事，力图以点带面，串联起大运河在北京的历史发展与繁荣中所发挥的重要作用。相对于大运河深厚的历史文化体系，文中所述不过是冰山一角。仅希望此书能引导读者迈进运河之门，亲近运河，品味运河文化。只有真正走近运河，身临其境触摸到运河的沧桑，才能体味到运河的文化情愫在慢慢堆积凝聚。

运河文化历史源远流长，底蕴深厚，内容渊广，只因作者认知浅显，难免出现不足之处，敬请专家学者及广大读者批评指正。

白文荣

目 录

1 漕运与北京——运河漂来的北京城

中国大运河综述…2

北京运河的起源和历史变迁…6

漕运制度的建立和发展…15

漕运与漕粮仓储…22

2 遗落的明珠——运河上的地标

通惠河源白浮泉…33

调蓄水库昆明湖…39

运河护卫大光楼…45

漕运古镇张家湾…49

3 追寻的足迹——不曾走远的运河人

萧太后与萧太后运粮河…59

韩玉、乌古论庆寿与金代闸河…66

郭守敬与元代通惠河…70

明代吴仲重开通惠河…77

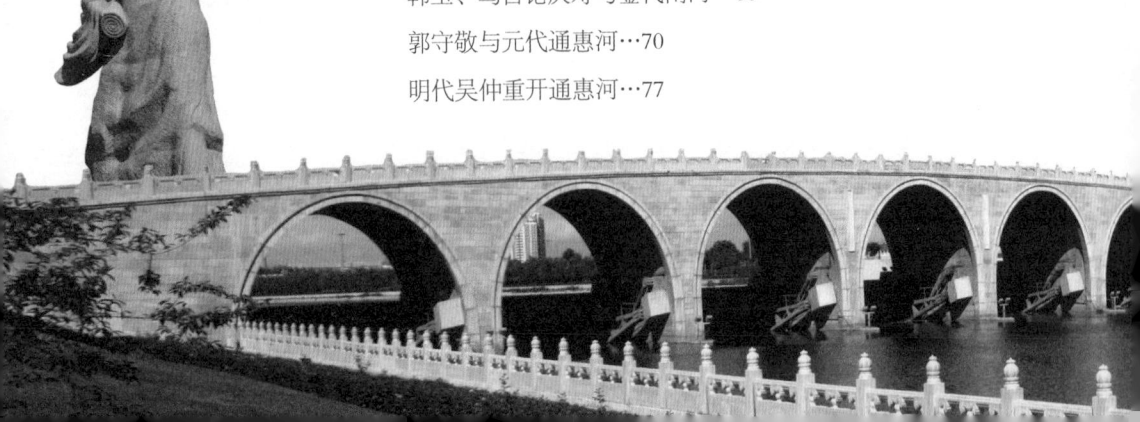

4　高歌浅吟——运河的诗与远方
　　词情诗意话运河…83
　　运河号子·运河谣…95
　　纤夫号子…101

5　民间情愫——运河的美丽传说
　　高亮赶水…109
　　郭守敬修闸…115
　　鲁班凿石…120
　　宝塔镇河妖…125

6　盛景新颜——运河与新北京
　　"二水汇流"衍生"五河交汇"…133
　　"漕运水道"变身"京城水上游"…140
　　"运粮河"换颜"生态走廊"…146
　　大运河——北京文化"金名片"…154

参考文献…157

应运而生

北京运河文化

1

漕运与北京
—— 运河漂来的北京城

水，是生命之源，先人择水而居，北京城因水而生，因运河而发展。北京民间有句俗语："大运河漂来的北京城。"北京作为具有三千年悠久历史的文化名城，历经辽南京、金中都及元、明、清几代都城，所需粮食、建材及日常生活用品，大都是依赖大运河从各地向京城运输。随之，运河沿线不同层面的文化元素也源源不断地"漂"至北京，为北京汇聚文化养分。今天，当我们驻足紫禁城前，感受其深厚的文化韵味，震撼于其宏伟辉煌的气势时，看到那一砖、一瓦、一梁、一柱，仿佛看到了大运河上满载着大江南北之精华的船只浩荡驶来……（图1-1）

图1-1　紫禁城鸟瞰图（作者提供）

中国大运河综述

在讲述北京运河故事之前，有必要先了解一下中国大运河的全貌。

首先，何谓运河呢？通俗来讲，运河是人工开凿的用于航运的河道，即运河要具备两个要素：其一，运河是以人工开凿为主体的河道，如果是天然河道须经过人工的大力整治，疏浚而成；其二，运河的主要功能是以运输粮草物资为主体，兼具灌溉、防洪等功能。历史上及现代的一些河道，尽管是人工开凿的，如用于引水灌溉、分洪排涝、发电等也只能称其为水利工程。另外如长江等河流虽具有运输功能但因其是自然河流也不可称其为运河。因此，基于以上两点要素，追溯中国运河的起源可至春秋时期，吴国为攻打楚国，于公元前506年开挖了胥河，大大缩短了军队及物资从江苏太湖运至安徽巢湖一带的路程。打败楚国后，吴国继而又攻破越国，从而奠定了其在长江流域的霸主地位。其后吴国决定进一步用兵北上伐齐，为了战争需要而挖通了邗沟等一批比较重要的运河。至战国和秦汉时期，一个全国性的运河网络便初步形成了。

据史料记载，邗沟是我国乃至世界上确切记载的第一条大型运河。它始建于春秋时期，公元前486年吴王夫差开凿了从江都（今扬州）到

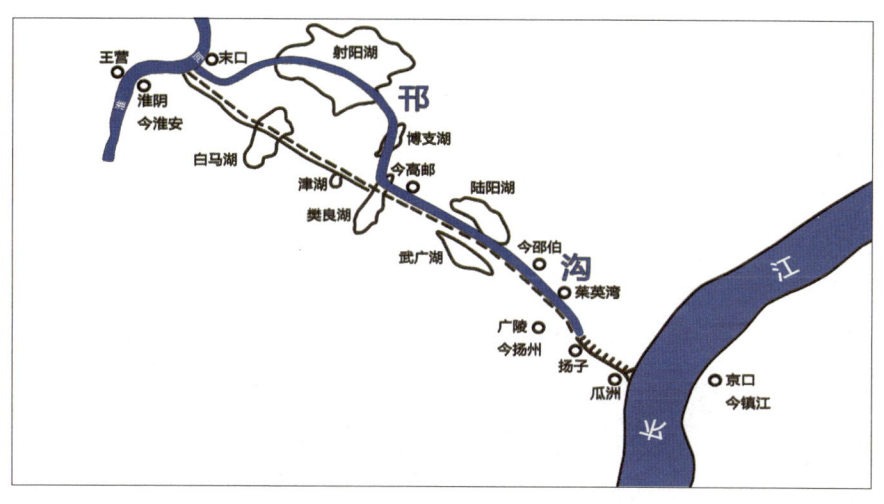

图1-2 公元前486年开凿的邗沟示意图（梁普绘）

当时的末口与广陵（今淮安与扬州）间分布着众多湖泊和河流，邗沟只是将各湖泊水体巧妙地连通起来形成Ω形水路，一经建成即成为沟通江淮的南北骨干水道。

末口（今淮安）的南北水道，因途经邗城而称邗沟。（图1-2）邗沟全长170千米，距今已有2500多年的历史。从此以后，至隋朝隋炀帝大幅度扩修大运河并贯通至都城洛阳且连涿郡（今北京通州）（图1-3），唐宋时期进一步发展，至元朝翻修大运河时弃洛阳而取直至北京，大大缩短了漕运航程。古代先人们如此一代接一代，以其勤劳、智慧和坚强的毅力，由短到长，由局部到整体，不断地开

图1-3 隋代运河永济渠与通济渠沟通示意图（作者提供）

图1-4 古代疏挖运河（作者提供）

凿整修，持续了一千余年的时间，直至1293年（元世祖至元三十年），终于完成了这条由杭州直达北京，纵贯南北的人工大运河。（图1-4）

  大运河由隋唐运河、京杭大运河、浙东运河三部分组成。全长2700千米，纵贯富饶的江南水乡与华北大平原，是古代南北交通的大动脉，对南北地区之间的经济、文化发展与交流，特别是对沿线地区工农业经济的发展起了巨大作用。大运河南起余杭（今杭州），北到涿郡，跨越今北京、天津、河北、山东、河南、安徽、江苏、浙江六省二市，沟通了钱塘江、长江、淮河、黄河、海河五大水系。长度是举世闻名的沟通太平洋和大西洋的巴拿马运河（1881年开凿，1914年竣工，全长81.3千米）的33倍还多，是连接地中海和红海的苏伊士运河（1859年开凿，1869年竣工，全长173千米）的15倍还多，比这两条运河的开凿时间要早两千多年。至于中国大运河历经两千多年所积累的历史文化底蕴之丰富，后者更望尘莫及。大运河与万里长城一样，被列为最宏伟的古代四

大工程（长城、都江堰、坎儿井和大运河）之一，是中国劳动人民的伟大创造。(图1-5)

历史上，首都北京的发展得益于大运河的开通，没有大运河，就不会有北京城的发展和壮大。北京城是"漂来"的城市，历史上北京城的"衣食住行"，有赖于江南富庶地区"漂"过来的资源做保障。大运河哺育了北京城，由此才有北京城的雄伟和壮丽。如今虽然大运河的漕运功能不在了，但是大运河依然在发挥内河航运功能。大运河是活着的世界文化遗产。

图1-5 中国大运河分布示意图（作者提供）

北京运河的起源和历史变迁

现在的北京市境内自西向东分布着五大水系，分别是大清河水系、永定河水系、北运河水系、潮白河水系和蓟运河水系。而与北京城紧密

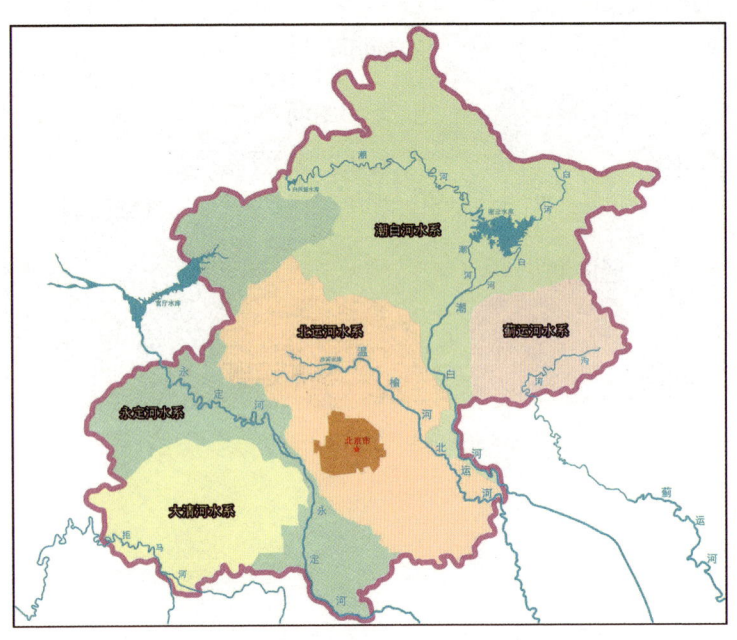

图1-6 北京五大水系分布示意图（梁普绘）

相关的当属永定河、北运河两大水系了。自古汹涌澎湃的永定河，经历了亿万年沧海桑田，冲刷形成了像折扇叶一样一层层的冲洪积扇，北京城便诞生于其扇脊之上。而随地质构造变迁遗留下的永定河古道及大小湖泊水系，像渔网一样织绕在北京小平原上，则均属于北运河水系了。自此北京城便在北运河水系的润泽下枝叶繁茂。（图1-6）

北运河的上游是温榆河，发源于北京市海淀、昌平一带山前地区。温榆河西面是风景秀丽的北京西山，属太行山脉，北面军都山属燕山山脉，著名的八达岭长城即为流域北部的分水岭。两座山脉连绵不断，形成天然屏障，也是北运河与永定河两大水系的分水岭。温榆河，自西北向东南流经昌平、顺义、朝阳至通州北关，全长47.5千米。其间有清河、蔺沟河、坝河、小中河等支流汇入。通州北关以下始称北运河，东南流至通州牛牧屯出境入河北香河县至天津武清区，后至三岔河口（北运河、南运河、海河交汇处）入海河。（图1-7）北运河在北京境内长41.9千米，汇集通惠河、凉水河、港沟河等支流而组成。（图1-8）

史料记载，早在西汉时期，北运河的前身是潮白河，分别由白河（称沽水）、潮河［称鲍丘（邱）水］两条支脉汇流而成。西汉以前沽水和鲍丘（邱）水各自分流入海，后合流而称潮白河。西汉建立后，在北京东部地区设置路县，沽水和鲍丘（邱）水因流经路县而得名潞水，后路县又因水而改称潞县。自汉魏以至隋唐辽金，北运河一直以潞水之名著称于世。

北运河的由来要从大运河的三次较大兴修说起。在漫长的岁月里，大运河经历

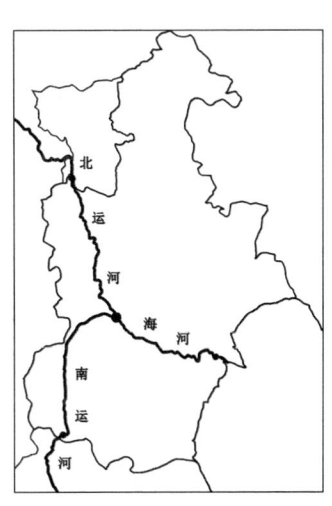

图1-7 京杭大运河"三岔河口"水系分布示意图（陈胤宏绘）

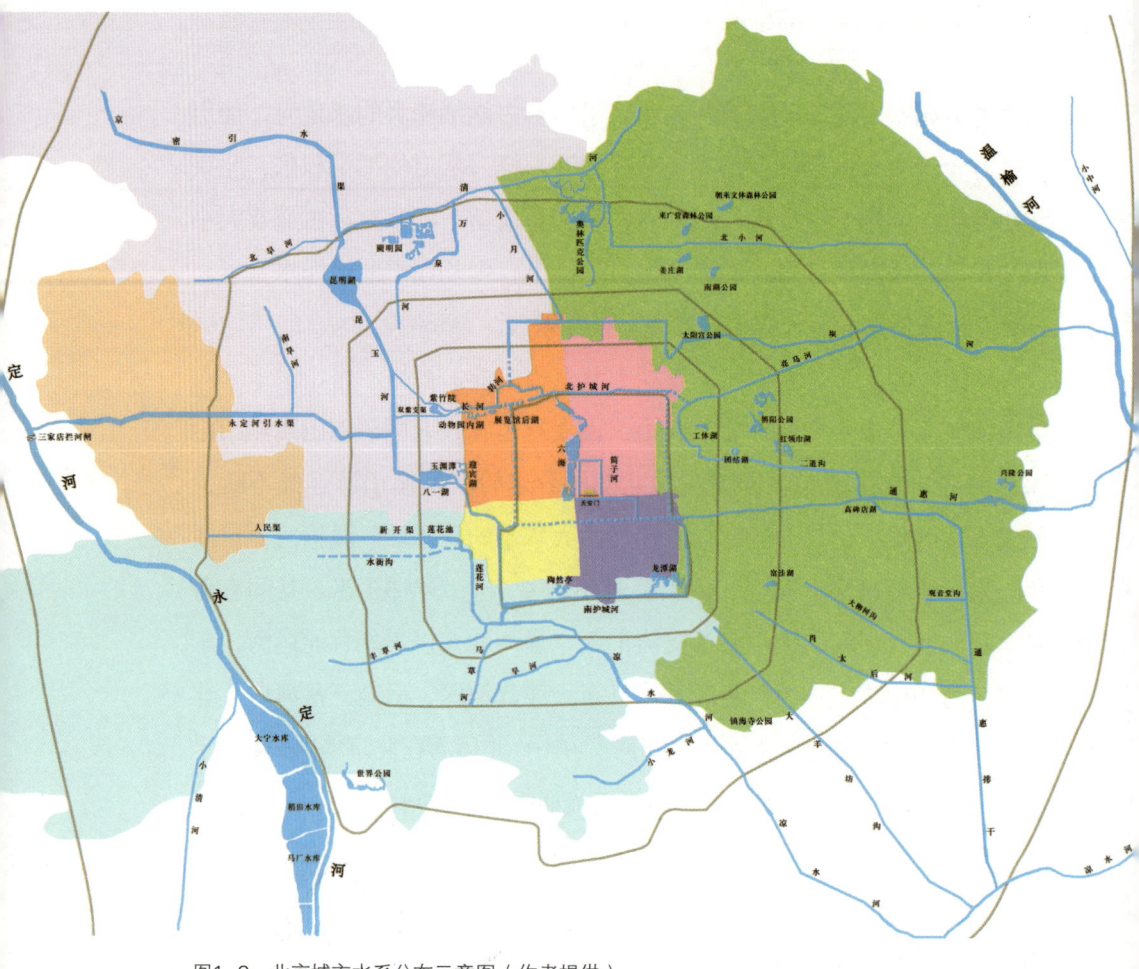

图1-8 北京城市水系分布示意图（作者提供）

了三次较大的兴修过程。第一次是在公元前5世纪的春秋末期。吴王夫差为争夺霸主地位北上伐齐，调集民夫开挖了自今扬州向西北至淮安入淮河的运河（即今里运河），称为邗沟。至战国时期又先后开凿了大沟、鸿沟等早期运河，为后来大运河的形成奠定了基础。第二次是在公元7世纪初。隋朝统一全国后，建都长安，为了控制江南广大地区，使长江三角洲地区的丰富物资运往洛阳，先后开挖了永济渠、通济渠和江南运河。第三次是在13世纪末元朝定都北京后。为了使南北相连，不再绕道洛阳，元朝花了10年时间，先后开挖了洛州河和会通河，把天津至江苏清江之间的天然河道和湖泊连接起来，同时又开凿了通惠河。如此，新的京杭大运河比绕道洛阳的隋唐大运河缩短了900多千米。北运河就是在第三次兴修中，利用潮白河下游的天然河道疏挖形成的。

　　金代海陵王完颜亮定都燕京，北京正式成为国家都城。金政府采取各种措施迁民充实中都地区，进而需要从河北、山东地区调运大量物资，水运是最为经济、快捷的方式。于是金代开始大规模修建运河，利用潞水进行漕运，潞水之名益加彰显，成为中国历史上著名的河流之一。金代利用潞水从河北、山东等地运送粮食抵达通州，然后再从通州陆运至中都城。当时通州至北京之间，因地势原因，少有自然的大河流经两地，水路不通，输送粮食只能靠牲畜和人力驮运，耗费繁重。为了降低成本，金代就开始探索开挖运河以利用水运将漕粮运送至京城的办法。金世宗年间，疏挖旧运河未取得如期效果，后开金口河引用卢沟河水以通漕济运，也没有成功。后"自金口疏导至京城北入壕，而东至通州之北，入潞水"（《金史·河渠志》），但因永定河水势凶猛，易于泛滥，危及京城，不久即被堵闭。金泰和年间，金朝官府开凿了自京城至通州的闸河，利用玉泉山丰沛的泉水及高梁河等水源，并建闸进行节制，蓄水通流，利用水路运输漕粮取得成功。但由于河道初开，经验不足，制度亦不健全，漕粮从通州入闸河需要半个月的时间才能抵达中都（对比于明清时漕粮自通州一日可达北京，当时的运输效率非常低下）。金朝末年闸河因都城迁移失于修治而被废弃。

　　元、明、清三朝均建都于北京并在金代漕运的基础上大力发展漕运，将来自南方的粮食等各类物资源源不断地运到北京及周边地区，潞水作为北京至天津之间的漕运通道成为南北大运河的重要组成部分。道光年间，潮白河受地质构造的影响不断向东摆动，至1939年大水，潮白河水不再入北运河，而形成如今的潮白河走向。北运河因此失去了潮白河这一条重要水源，温榆河、通惠河成为北运河最主要的两条支流，即形成了如今的水系格局。

金元时期开凿通州至北京之间的运河，首要解决的问题是河流的水源问题。早期利用高粱河水源，但因水源不足无法实现水运。后来引用卢沟河水，金代开金口河，元末再开金口新河，均证明引用卢沟水不可行，一则卢沟河水势高仰，对都城形成潜在的威胁，二则河水含沙量大，水流迅速，易引起河岸崩塌，建闸则易沉积泥沙，堵塞河道。

元代建都北京，城市人口规模庞大，对粮食需求量剧增，粮食供应主要取自江浙地区。元政府在金代基础上继续发展漕运，元初曾利用海运输送漕粮，开凿了金水河连接玉泉山泉以供皇家用水。元世祖至元年间，郭守敬开发新水源，开凿了白浮—瓮山引水渠，从北京西北山区引诸泉之水入运河，并疏挖通惠河至通州张家湾入潞河，才使通惠河有了充足的水源，成功地实现漕船从通州直达大都城内。连接北京和杭州的南北运河自此贯通。

明清两朝依旧定都北京，为了维持统治，依旧大力发展漕运，将来自江南等地区的物资源源不断地运至北京。永乐年间，成功地解决了山东段运河的水源问题，京杭运河河道畅通，明政府从此专门从运河输送漕粮物资（停止海运及陆运）。明嘉靖年间吴仲在金、元闸河的基础上重新疏挖通惠河，自通州城北入潞河。入京漕粮经通州城北的石坝码头转运至西侧的葫芦头，然后沿通惠河运至京城；在北京至通州之间建造了五闸二坝，并建立通惠河治理制度，维护河道畅通。

清中后期，经由北运河而至北京的漕粮日渐减少。自道光年间起，由于黄河溃决，内河运道航运困难，各省征解的漕粮逐年递减。为摆脱

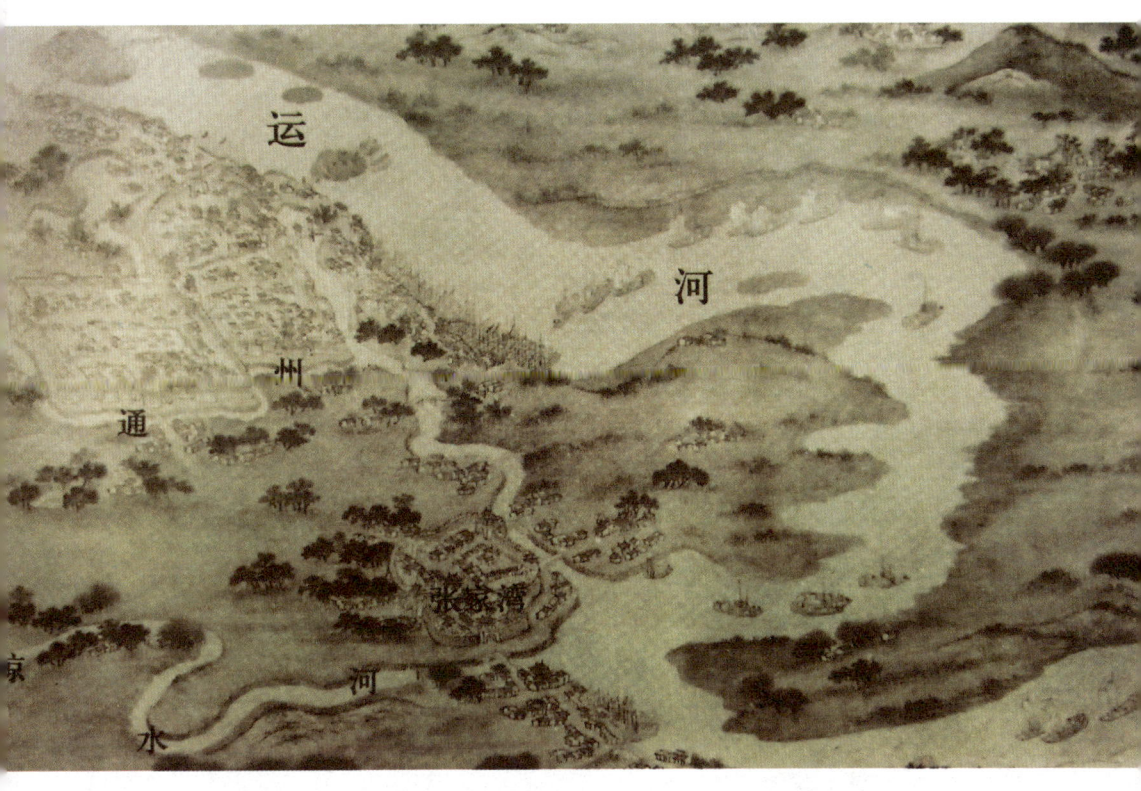

图1-9　古时通州运河图，选自《通州志》（作者提供）

困境，朝廷决定试行海运，此时河运和海运并行。咸丰初年，仍沿用道光时期的河、海并运措施，此后，海运漕粮在漕运中地位逐渐上升，河运漕粮逐渐走向衰落。光绪二十三年（1897年）京津铁路通车，1900年清政府宣布废止漕运，漕粮改由火车直接运送至北京，不再转道通州。中华民国时期的《通州志要》记载："清末实行海运而废河运，其后铁路建筑完成，运河不复修浚，运输之利益全无矣。"随着铁路、公路等近代交通方式快速发展，加之漕运停止，运河多年失修，淤浅严重，传统的水运方式日趋衰落。北运河停漕以后，自天津至北京的北运河和通州至北京的通惠河逐渐被废弃。（图1-9）

潞河定名为北运河是在清雍正四年（1726年），怡贤亲王允祥，受

图1-10 今日通州运河水道（作者提供）

命治理京东水利及直隶（今河北省）北部的各条河道，因潞河位于大运河北端首起段而将其定名为北运河，一直沿用到今天，已有290余年的历史。

因此从运河的历史发展可见，金、元、明、清时期，北运河一直是京杭大运河北段最为重要的漕运通道。特别是在明清两朝的精心治理下，成为连通京城与运河的漕运要道，"漕艘直达京师"，并一直延续到清朝末年。而京杭大运河北京通州段是目前北京运河保存较完好的运河河道。（图1-10）

然而时过境迁，如今由于北京北部及西部山区植被减少，加之气候干旱少雨，地下水位下降严重，白浮泉、玉泉山泉逐渐枯竭，早已不复当年的盛景。京城水系由新中国成立后所建的京密引水渠（图1-11）及永定河引水渠（图1-12）来保障水源。2014年12月，南水北调中线工程竣工，自湖北丹江口水库（图1-13）引汉江水至北京颐和园团城湖向北京供水，进一步保障了北京居民生活及城市景观娱乐用水，京城水系湖泊园林依旧延续着历史皇家风范，成为北京城永久不可分割的血脉。（图1-14）

图1-11 京密引水渠（作者提供）

图1-12 永定河引水渠（作者提供）

图1-13 丹江口水库，南水北调取水地，库区面积1050平方千米，水质管理目标为Ⅱ类（作者提供）

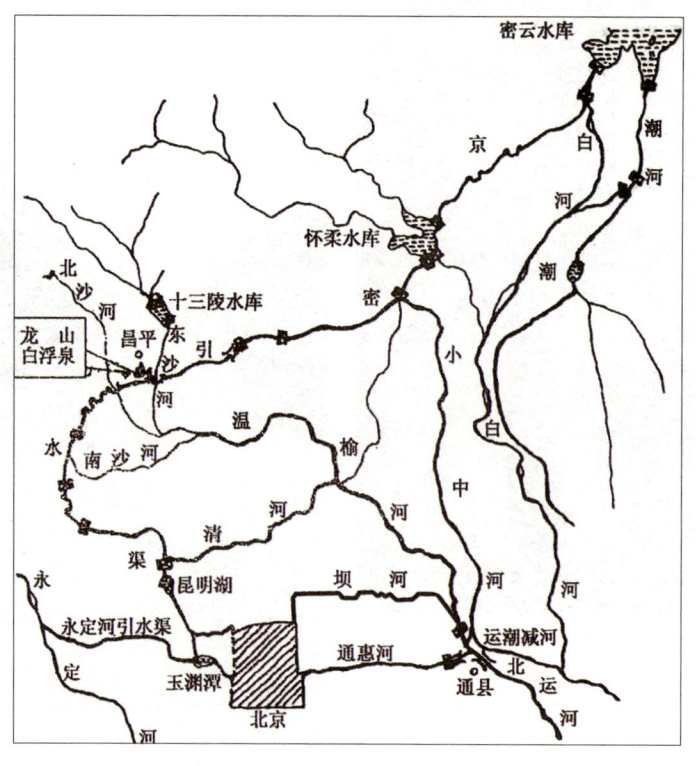

图1-14 北京城市河湖水系示意图（作者提供）

漕运制度的建立和发展

漕运制度作为国家大政要务，金、元、明、清四朝都重视漕粮运输和河道修治的管理工作。一般来说，历史上运河管理主要分为两个方面：河道管理和运输管理。前者包括河道整治疏浚、水量调节、日常维护等，以保持运道畅通；后者包括运输组织、船只和人员管理等，以维护运输秩序。

北运河作为历史上的漕运大动脉，历代王朝均十分重视其河道治理事宜。金代漕运制度正式实施，北运河河道治理因关系漕运而受到金朝政府的高度重视。金朝以后，元、明、清三朝均定都北京，仍旧依靠漕运维持社会统治，对运河水道均积极治理。

金代在京城设立都转运使，管征收、转运和仓库出纳。朝廷设置都水监，主管水利漕运事项，在每条河沿线均设巡河司，设置分管漕运事务的官员，通管漕河闸岸。

元朝政府管理大运河是由三级管理体系组成的。第一级是元朝政府都水监，相当于现在的水利部；第二级是各地的漕运司系统，相当于地方省部级水利部门；第三级是运河沿岸的各级政府官员。这三级之间，

应运而生

既有区别，又有联系，从而形成严密的管理机制。元朝政府管理大运河的主要专职官员是都水监，掌管全国水利治理方面的工作。当年著名的水利专家郭守敬就是任此要职。都水监职能主要有二：一是疏通河道，既有天然的河道，如黄河、淮河等，也有人工开凿的运河，如通惠河，其中又以疏通运河的河道为其主要工作；二是修筑堤坝，以防止河水泛滥，冲毁民居，淹没民田。同时，修筑堤坝也是为了保证大运河的水源供应充足，以使漕运畅通无阻。应该说郭守敬是最为称职的一届都水监

图 1-15　烟雨运河（杨彦国摄）

　　拍摄于大运河森林公园月岛，拍摄者于运河西岸的柳荫广场面向东岸的漕运码头。清晨宽阔的大运河水面雾霭朦胧，轻舟飘荡，依稀似江南水乡。

图1-16　元代漕运衙署大门前摆放的铁狮（孙一泓摄）

了。（图1-15）

　　针对北运河的管理，元政府在都水监下设置大都河道提举司，专管大都的水利，具体负责治河修坝等事宜。其下还设置有"通惠河道所"，专管张家湾至昌平白浮泉之间通惠河及渠道的治理。通惠河完工后，元朝政府又专设立通惠河运粮千户所，专门负责通惠河的漕运工作。可见元朝政府对通惠河的重视程度。

　　元代皇庆到至顺年间（1312—1333年），户部京畿都漕运使分司署即设在通州城东北部白河附近，管理通惠河、坝河漕粮转运事宜。当时铸造有雌雄两个铁狮置于衙署大门前，后雄狮无存，于康熙年间又重新铸造了一雄狮。1900年八国联军入侵通州，衙署被毁，而铁狮犹存。（图1-16）中华民国五年（1917年）女师讲习所设在此处，石狮放置于大门

图1-17　通州城关原潞河驿部分旧址，约21世纪初拍摄（作者提供）

内，1959年此处被公布为文物保护单位。不幸的是"文革"期间，可怜的雄狮被砸毁，而雌狮却幸运地被保留了下来。1984年，铁狮被文物管理部门收管。此雌性铁狮为北京地区现存古代铸造铁狮之最大最精致者，是运河文化产物和重要的载体，现保存于通州博物馆，也是对那段历史的见证。

　　明清两朝将漕运管理事务归到工部的都水司内。明代设仓场总督衙门，掌督在京及通州等处的仓场粮储，其重要职能之一就是掌管漕粮验收及由通州至北京水陆转运，并包括北运河河工。嘉靖七年（1528年）通惠河通航后，为确保通惠河与通州、天津之间北运河的河道畅通，明朝廷于嘉靖八年（1529年）在通州设置工部都水分司，负责闸坝修缮、堤岸培护、水道疏浚等事宜。（图1-17）

　　清代沿袭明代漕运机构设置，仍设漕运总督，以督促南方各省漕粮的运输。清初设有河道总督，专职掌管河道的疏浚和堤防等治理事宜，

图1-18 停漕后的通惠河（作者提供）

以及漕粮催攒、河工管理、治安巡防等事务，以保障运道畅通无阻。1901年，随着北京至天津铁路的贯通，漕粮开始由火车运到北京，清政府正式废除漕运制度。随着北运河漕运功能的停止，河道专管官员和管理机构也随即撤销。（图1-18）

运河漕粮的运输，大运河从南到北，全长约1800千米，如此长的行程，如何保证运粮船不出问题？朝廷也对此设有严密的管理制度。据说刑罚规定"偷铜是杀，偷米是发"。铜是古代制造礼器、兵器甚至货币的主要材料，"发"即发配。

按照运河管理制度的规定，运河漕运设置大量的文武官吏、军丁夫役，负责运河船只及运程的管理，并在闸、坝、桥、涵及纤道等处派有军队防守。隋唐以来，至元、明、清三朝，大运河经历了千年风雨，一共设置过多少名目的官员已无法说清。北京运河因有郭守敬、吴仲对漕运的杰出功绩而被后人广泛传颂。

　　新中国成立后，北运河的功能主要是防治洪涝灾害及引水灌溉。1973年7月，中共北京市委农林组决定，为加强对北运河（含温榆河）的统一管理，发挥其排灌效益，成立了北京市北运河管理处，负责昌平沙河闸以下的温榆河河道和北京境内北运河河道及其河道上主要建筑物的管理、使用、维护工作。随着时代的变迁，北运河的功能角色在不断发生变化，管理它的人员也随时代更替，而北运河管理处的机构设置直至现在，已满45周年。（图1-19）（图1-20）（图1-21）

图1-19　20世纪70年代疏挖北运河（作者提供）

图1-20 河道保洁——河道管理人员进行日常河道水环境管理（作者提供）

图1-21 今日北运河鸟瞰（作者提供）

漕运与漕粮仓储

俗话说，民以食为天。自金代海陵王迁都燕京，北京正式成为国家的都城，京城人口数量激增，上到王公大臣，下到平民百姓，"吃饭问题"大部分是靠"南粮北运"来解决的，而漕粮运输与仓储则是保障的关键。

漕粮运输

金代开始实施漕运制度，向中都地区大规模输送粮食，可谓北京漕运实施的重要发展阶段，为后世元、明、清三朝的粮食物流输送奠定了坚实基础。

金朝疆域南至淮河流域，中原一带为重要的粮食产地，河北、山东地区具有重要的经济地位，也是朝廷赋税的主要来源地区。至元代，大都城集中的人口众多，京城粮食物资需求量增大，漕粮则主要取自江浙地区。据史料记载，元朝运到大都的漕粮数额最多一年达352万石，最少的一年只有几十万石。明代政府疏浚会通河，成功解决了运河山东段水源不足的问题，自此以后，大运河才真正发挥作用。明政府随后罢海运和陆运，专事漕运。漕粮主要来自江苏、安徽、浙江、江西、湖南、湖北以及河南、山东等省，漕粮数额基本固定在年400～450万石，且漕运制度一直持续到清朝。

　　清沿明制，每年从外省运送漕粮400万石左右。漕粮运输的情景可以从乾隆四十一年（1776年）冯应榴题注《潞河督运图》中所描述景象得以概况了解。其中描述运河中往来的船只，十分之七八都是漕船，其余一二是坐粮使者属下稽察征榷的瓜皮小艇。漕船中鼓帆掌舵首尾相接前行的，或已泊于岸边的，是满载南粮而来的重运船；卷帆抽舵，摇橹而行的，是已卸完漕粮南归的回空漕船。按照当时的规定，回空船必须给重运船让水道，违者重罚。潞河水浅，重运船往往不能直接到达坝下，需将漕粮分载于数只驳船上驳运。驳船为无篷窗小船，以布袋分装重运船上的米麦黍豆，每袋约重一石，每船可载百余袋。当时通州有石、土两坝，是明代建造。石坝在通州北门外，由通州州判分掌，坝上有大光楼，满汉通州仓场侍郎及坐粮厅官员经常在楼上饮酒远眺。坝前为潞河（即今潮白河），坝后即为通惠河。凡是运往京师十三仓储纳的漕粮，船抵石坝后即由扛夫肩负，经过大光楼前装载到通惠河驳船上。扛夫们肩踵相接，每日有数万人。通惠河上有五道闸，每座闸上都设有经纪、扛夫分别负责转运和扛粮过闸之事，且均属坐粮厅使者管辖。大通桥以上河道则属大通桥监督管辖。土坝在通州东门附近，由通州州同兼掌。凡运入通州西仓和中仓的漕粮，由土坝用小船运入通州护城河或至旧城南门储存进通州中仓，或至新城南门储存进通州西仓。运河中饱帆扬棹的官船是坐粮使者的座船。每逢漕期，坐粮使者每日乘船去检验漕粮品级高下，然后决定运往哪座粮仓。运河中还有飞桨捧盘来迎接漕粮使者座船取验漕粮的小船。河岸上经常可见肩背长绳的人，那是纤夫。因为潞河多沙，且随时疏通随时淤积，只好让纤夫牵动刮板，使沙随水去，不能阻碍漕运。岸边还有身负柳枝的人，那是标夫。因为河道深浅不

图1-22 《潞河督运图》（节选），清，江萱，乾隆年间绘（作者提供）

定，所以需要标夫时时探测水深，用柳梢标出浅处，漕船上的人看到后能够避开。由此，我们可以感受到清代鼎盛时期通州作为京师漕运枢纽，运河粮艘往来的繁盛景象。（图1-22）

漕粮仓储

　　金、元、明、清历朝倚漕为命，所以对关系国家政治、经济、军事的漕运异常重视，为将江南漕粮顺利运往京师，朝廷不但设置了河道总督、漕运总督、仓场总督等官员相互配合、彼此合作，共同保障漕运秩序的稳定，而且在地方州县设置小型漕粮收兑仓，在沿河重要城市设大型水次仓，更是在京城与通州设立京仓、通仓，这些规模不等、管理不

同、作用各异的漕仓都属于国家漕运的重要组成部分，与漕粮、漕军、漕船、漕丁形成了完整的漕运系统。

当时皇城北京和漕运枢纽通州是最重要的两个仓储要地。京、通二仓承担着京师皇室贵族、文武百官、军队以及工匠的粮饷、俸禄等。金元时期北京城、通州皆建有存储粮食的仓厂。据史料记载，元代大都城即设有22仓，通州设有13仓。明清两朝皆定都北京，"军国之需，尽仰给于东南"，为了储存巨额漕粮，明清两朝在京城和通州又增设了许多粮仓，统称为京仓和通仓，"京仓为天子之内仓，通仓为天子之外仓"。

运河文化源远流长，博大精深，作为传统漕运重要组成部分的漕仓，不但起到了存储、转运、供给等作用，而且对于国家政治与军事活动的开展、社会灾荒的赈济、市场粮价的平衡也具有重要的意义。

北京仓

明代北京仓具有很强的军事后勤性质。到了明永乐时，北京已发展成为极繁华的都市，北运的漕粮常常近四百万石，较之于元代数倍增长。于是，明朝大规模地修建粮仓，它们大多分布在朝阳门附近（接近西端码头）。北侧有海运仓、北新仓；中部有南新仓、旧太仓、兴平仓和富新仓；南侧有禄米仓、太平仓，共同担负着京师储粮的重任。清代北京仓主要沿用明代的京仓，分别有禄米仓、南新仓、旧太仓、富新仓、海运仓、北新仓、兴平仓、太平仓共八个，且名称未改。其中的太平仓，明代原在北京城西部的今平安里太平仓胡同，清初改设太平仓于城东朝阳门内，与禄米仓同在一处，康熙四十四年（1705年）又迁于朝阳门外以南城墙下护城河西侧，原旧仓厂并入禄米仓。此外，在康熙至乾隆年间，清政府又陆续修建了五个新仓廒（具有隆起屋顶的粮仓），分别是本裕仓、万安西仓、万安东仓、裕丰仓、丰益仓。这样，清代新建五仓和明代沿袭下来的八仓，合称京师十三仓。十三仓的官粮主要用来供给贵族、百官和八旗官兵。此外，皇帝和太监专有内仓，名为恩丰仓和内仓。因此，有时又称京师十五仓。如今，这些粮仓大部分只是名字流传，印证着曾经的历史，仅有少数还保留着皇家粮仓的旧貌。除了为大家熟知的南新仓外，还有一处保存较为完好的粮仓，隐藏在一条胡同的深处，那就是禄米仓。

南新仓（图1-23），又名东门仓，位于北京市东四十条22号，是明清两朝京都储藏皇粮、俸米的皇家官仓，也是全国仅有、北京现存规模最大、现状保存最完好的皇家仓廒，是京都漕运仓储的历史见证。南新仓在元代北太仓的基础上改造而成，和城内粮仓一样，南新仓也位于朝阳门附近,地势较高,可使粮仓在雨季免除雨水侵袭,并方便通风防湿。

粮仓初建时共33廒,每廒分3间,后改为5间,廒房面阔约23.8米,进深约17.6米,高约7.5米,前后出檐,屋顶为悬山合瓦清水屋脊。外观上,南新仓全部用大城砖砌成,五花山墙,围墙厚度达1.3米至1.5米,墙体厚重,既恒温,又防潮,且不易使粮食霉变。廒架为中国传统木架结构,基本采用独棵圆木构造而成。除仓房外,还有廒座、官厅、监督值班所、官役值班所、激桶库、太仓殿、水井、辕门、仓神庙和土地祠等附属建筑。明朝正统三年（1438年）,设军卫,卫仓储军粮,卫仓归官仓管理。南新仓为中心仓,下辖八个卫仓:府军卫仓、燕山左卫仓、彭城卫仓、龙骧卫仓、龙虎卫仓、永清卫仓、金吾左卫仓、济州卫仓。这些卫仓均归属南新仓统一调配。

图1-23 南新仓遗址（孙一泓摄）

清朝初年，北京尚有明代遗留仓廒30座，经历康乾盛世后，陆续增建至76座仓廒，南新仓房被重新改造修缮。清朝中叶以后，清政府逐渐衰败，财政陷入极度困难。至道光年间，南新仓储量已比清初少了许多。清朝末年，清政府日薄西山，大运河漕运逐渐被铁路等现代交通所代替，清光绪三十一年（1905年）漕运制度彻底废止，由征粮改为征银。京城和通州的官仓也就逐渐被闲置起来或改作他用了。

中华民国期间，南新仓被改为军火库，仓廒也减至17座。中华人民共和国成立后，粮仓成为北京百货公司仓库，为北京市民供应生活必需品。1984年南新仓被列为北京市文物保护单位。

2005年，以南新仓为依托改建成了"南新仓文化休闲街"，现存的9座仓廒被改成艺术画廊、音乐传播中心等文化休闲场所，承载了如今人民对休闲、文化的高层次需求，历经600年沧桑的粮仓古为今用，又焕发出了新的生机。

禄米仓（图1-24）在朝阳门里南小街，其地名即禄米仓胡同，为明清两代储存京官俸米的粮仓。该仓始建于明嘉靖四十年（1561年）。清初有30廒，康熙二十二年（1683年）增至81廒，康熙四十四年（1705年）初禄米仓和太平仓合并，另建廒30座。至清代末期，仅存57廒。中华民国时曾改为军服厂。该仓围墙及仓廒均由大城砖砌成，每廒5间，面阔23米，进深约17米，建筑高度约7米。仓廒现屋顶采用合瓦鞍子脊（经过历次改建和修缮，已经无法判断此做法是否为原状翻修），合瓦顶，顶开气窗，两山为悬山五花山墙。

仓内原有明代历任仓场监督题名碑，从碑上所刻内容可知明代名臣海瑞也曾任过仓场监督一职。仓廒与围墙均用城砖砌成，墙面历经修缮，排砖顺丁方式比较混乱，仅可以判断墙身系糙淌白砌筑方法。建筑内部构架为七架椽屋，采用前后二架梁、中间三架梁的做法，建筑内部

图1-24 禄米仓遗址（孙一泓摄）

用八根金柱。

禄米仓现在院内还存有两座仓廒，现为北京市文物保护单位。

通州仓

明嘉靖七年（1528年），吴仲重新疏通通惠河，不仅使京通之间的漕运更加便利，而且改变了通州城附近的水系分布格局。自通惠河口由张家湾移至通州城北以后，通州至张家湾航道畅通，漕船可直接上溯至通州城。吴仲在通州城北门外通惠河入北运河河口处建石坝码头一座，漕粮经此卸船转运至通惠河，然后溯通惠河而上，逐级递运，一直抵达北京城大通桥码头。此外，吴仲在通州城东关外另建土坝码头一座，漕粮在此码头卸载，然后经州城东门搬运至通州仓储存，通州成为漕粮仓

图1-25 大运西仓遗址（作者提供）

储的重要场所。

大运西仓（图1-25）位于通州新城之中，东起今公园下坡小学西墙南北延长线，西至新仓路，北临中山大街，南至新城南街，占地面积33.25万平方米。明永乐七年（1409年），西仓建于通州旧城西门以南，专门用于存储、支放漕粮之用。明正统十四年（1449年）修筑通州新城，将西仓圈入新城内。据史料记载，嘉靖二十八年（1549年），西仓有仓廒97连（排）2018间，外有仓囤844个，为北京地区第一大仓。清乾隆二十八年（1763年），南仓部分仓廒、仓囤并入西仓，西仓仍旧居京通诸仓之首。光绪二十六年（1900年），八国联军侵占通州，强占西仓。次年，北运河停漕，西仓遂废，后被驻扎通州的清军占用。1931年"九一八事变"后，张学良将军率部队开入通州，入驻西仓，并建有阅兵台。1935年12月，日寇操纵的伪冀东政府成立，日寇驻通守备队侵驻西仓，且在此杀害通州百姓200余人。1949年后，中国人民解放军249炮校设置于此。"文革"后，炮校迁走，此处变为红旗机械厂所在地。现今西仓内的仓储、管理设施均已无存，近年附近施工中曾发现过去的水井遗址。

大运中仓位于通州旧城南部区域，东临南大街，西临新建街（该街旧为仓沟），南临悟仙观胡同（南仓街），北临西大街，占地面积12万平方米。中仓设收纳水上转运漕粮之南门，陆上转运漕粮之东门与支放漕粮之北门。现今遗址上仓墙残段约150米。1900年，八国联军入侵通州驻扎于此，次年北运河停漕，中仓遂废，后为军阀部队占用。1949年后，为解放军某部占用。如今该遗址处部分仓址掩埋于地下，尚存有大仓柱基础及象征皇家气魄之巨碾等石刻文物。（图1-26）

图1-26　大运中仓仓墙遗址（作者提供）

大运南仓位于通州新城中，因建设较晚又位于西仓之南，俗称后南仓。南仓北临新城南街，南临城墙，周长1435.8米，东、北、西三面建有围墙，设有收纳漕粮的东门和支放漕粮的北门。清乾隆十八年（1753年），南仓被裁撤，并入中仓和西仓。1901年，在《辛丑条约》列强强迫清政府赔偿10万两白银的基础上，美国传教士又强迫通州地方政府赔偿白银6万两，在南仓遗址上建公理会教堂。1987年，中共通州区委党校在南仓遗址上建校，在施工中曾发现大批成团糜烂的黑色谷粒，是后南仓仓址的实物见证。2012年于党校西侧100米处发现城砖井，为后南仓内官用青砖井，可见证此仓范围大于党校范围。现如今，后南仓的遗址已无存，唯有地名被沿用下来作为历史永久的见证。（图1-27）

图1-27　大运南仓官井遗址（作者提供）

应运而生

北京运河文化

2

遗落的明珠
——运河上的地标

"大珠小珠落玉盘。"京杭大运河伸展在北京小平原上的水脉旁，点缀着众多的湖泊、古闸、桥、塔、楼、码头、仓储等古迹，这是大运河流淌的足迹，也是北京城的"生命印迹"。它们似一颗颗明珠，渗透着古老的珍稀，闪烁着文化与智慧的光芒，连接着古人与今人的情感。

通惠河源白浮泉

　　"问渠哪得清如许？为有源头活水来。"这首诗句虽出自他处，但今天用于追寻大运河的生命之源，却也恰如其分。那就借用这诗句来表一表运河之源——白浮神泉吧。（图2-1）

　　白浮泉位于北京城北昌平区化庄村东龙山东麓，又名龙泉，是运河引水工程的源头。白浮泉原本只是一条普通的山泉，只因其被元代科学家郭守敬"慧眼识珠"，发现了它的利用价值，与漕运水系通惠河相关而名声大噪，功载史册。

　　白浮泉水是大运河北端上游水源，至元二十九年（1292年）白浮堰

应运而生

图2-1 国画《运河源头》（孙左满提供）

建成，由此白浮泉成为北京城的引水命脉。白浮泉又名龙泉，《日下旧闻考》载："潭东有泉出乱石间，清湛可濯。"泉水发自龙泉山的东北麓，半山腰有一块盆地，清澈的泉水从山根处的碎石间奔涌而出，形成一潭清水。当年郭守敬发现后便有了汇集水源，修筑引水渠的思路。这便是："上自昌平县白浮村引神山泉西折而南，过双塔、榆河、一亩、玉泉诸水，经瓮山泊至西水门入都城。"《天府广记》载："郭守敬所筑堰，起白浮村至青龙桥，延袤五十余里。"引水渠自白浮泉向西沿山

脚画出一道漂亮的弧线，为的是沿途收编"多个小兄弟"。泉水家族一路叮咚"唱着歌儿、弹着琴弦儿"欢畅地奔入瓮山泊的怀抱。从此，北京有了供水的命脉。（图2-2）（图2-3）

明初在白浮泉上修建了

图2-2　玉泉山（汇图网提供）

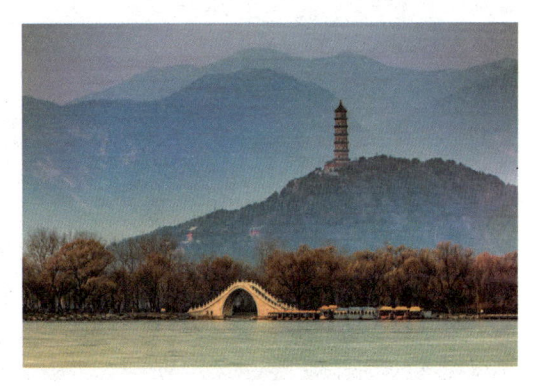

35

图2-3 白浮瓮山引水渠示意图（作者提供）

图2-4 九龙池（作者提供）

图2-5 都龙王庙（作者提供）

九龙池（图2-4），池壁采用花岗岩，龙头用汉白玉雕刻，嵌入石壁，泉水便从九个龙口中流出。九个龙头，中间最大，其余相同，取名九龙池。水自龙口喷出，素有"九龙戏水""龙泉漱玉"之称。因泉边村名叫白浮村，泉也就被称为白浮泉了。离泉不远处有龙泉寺。山顶有都龙王庙（图2-5），其正殿门口有楹联：九江八河天水总汇，五湖四海饮水思源。横批：都龙王庙。寺内供的是人面龙王，大殿两侧的墙上绘有《东游巡踪》彩色壁画，现在已作为大运河遗产被保护。

据昌平地区的水利志记载，新中国成立后白浮泉水曾作为附近农民灌溉田地的引用水源，1958年十三陵水库建成后，白浮泉水日渐衰竭，直至断流。随着运河文化遗产的保护与文化传承工作开展，水利专家多次提议恢复白浮泉遗址（图2-6）的建设，昌平区政府以深化历史文化地标为目标，已规划建设白浮泉遗址公园，以白浮泉遗址为核心，对现存都

图2-6　白浮泉遗址（作者提供）

图2-7　白浮泉遗址整修碑记（作者提供）

龙王庙、九龙池等文物建筑加以修缮保护，再现"龙泉漱玉"景观，并利用周边龙山、凤山地形地势和白浮瓮山河（现京密引水渠）、东沙河水系等构建公园、湿地，形成新的风景园林胜地。

（图2-7）

调蓄水库昆明湖

北京以举世瞩目的皇家园林、宫廷文化享誉世界，其中的颐和园早在1998年12月即被联合国教科文组织批准列入《世界遗产名录》，而随着2014年6月中国大运河申遗的成功，颐和园同时又作为大运河文化遗产点，成为"双料"的世界文化遗产，此乃世界文化遗产中极为特别、尤为突出的，因此也愈加耀眼夺目。颐和园与大运河联系最为紧密的就是其园内的湖和桥了。

昆明湖位于北京的颐和园内，它的面积约为颐和园总体面积的四分之三。原为北京西北郊众多泉水汇聚成的天然湖泊，曾有七里泊、大泊湖等名称。明代湖中多植荷花，周围水田种植稻谷，湖旁又有寺院、亭台，酷似江南风景，遂有"西湖""西湖景"之誉。明武宗、明神宗都曾在此泛舟垂钓游乐。历史上昆明湖比现在小，后经乾隆皇帝拓建，才成为西山地区最具魅力的皇家园林。

元代定都北京后，为兴漕运，经水利学家郭守敬主持，开发上游水源，引昌平神山泉水及沿途流水注入湖中，此湖成为大都城内接济漕运的调蓄水库，亦被称作北京历史上的第一座人工水库，距今已有七百余

图2-8 大运河总码头——积水潭（作者提供）

元代打造了800多艘运河漕船，每天川流不息地把来自江南的漕粮运到大都积水潭码头。图片拍摄于20世纪20年代，选自《流光旧影认通州》老照片集，北京市通州区图书馆藏。

年的历史，当时金山改称瓮山，湖泊就改名瓮山泊了。由白浮瓮山河汇集的上游诸泉水存储在瓮山泊，再经南长河、高梁河输入通惠河码头——积水潭，沿途由广源闸、响闸进行控制。因此，积水潭呈现"舳舻蔽水"的壮观景象。可以说，瓮山泊（水库）的调蓄作用成就了通惠河漕运的畅通与繁荣。（图2-8）

昆明湖发挥水库的调蓄作用，历史上也曾几起几落。元末明初，白浮村泉水渠道（白浮堰）失修，水源枯竭，瓮山泊面积缩小。明代建设皇家园林，进一步削弱了它的水库功能，加之附近居民种稻，均使湖面缩小。直至清代乾隆修建清漪园时凿深了瓮山泊并向东西扩展，同时疏导玉泉水源，使其面积比明代时扩大两倍，并取汉武帝在长安开凿昆明池操演水战的故事，命名为昆明湖。万寿山清漪园、玉泉山静明园、香山静宜园,还有畅春园、圆明园,都是当时以西山群峰为屏障而营建的大规模园林,统称为"三山五园"。清漪园建成于1764年,耗白银480多万两。1860年,英法联军攻入北京,清漪园被焚毁。1888年慈禧太后挪用海军经费重建此园,并改名颐和园。后屡经变故,这座古老的园林已趋萧条。新中国成立后,政府大力修葺此园,并疏浚了昆明湖,使之焕然一新。

昆明湖周围地区的自然风光宛如江南风景,乾隆在昆明湖泛舟时曾作诗:"何处燕山最畅情,无双风月属昆明。"

沿昆明湖堤建有六座石桥,石桥造型优美,形态各异。其中一座用汉白玉雕砌的玉带桥,桥拱高耸,远望如一条玉带,玉泉山的泉水从此而流入昆明湖。十七孔桥东岸附近蹲卧有一座如真牛一样大小、铸造精美的

图2-9 昆明湖玉带桥(孙一泓摄)

铜牛，其昂首竖耳，若有所闻而回首的神态，非常优美生动。此牛原取神牛镇水之意，是珍贵文物。（图2-9）(图2-10)

另外，在昆明湖上有一座"罗锅桥"，学名绣漪桥，是皇帝的龙舟进入颐和园的必经之桥，也是昆明湖和长河的分界点。所以绣漪桥是北京大运河的一个重要节点。

绣漪桥是颐和园的水上门户，素有昆明湖第一桥之称。绣漪寓意昆明湖湖水涟漪清秀，宛若织绣而成的锦缎。桥的北面有一副乾隆书写的对

图2-10 颐和园镇水铜牛（孙一泓摄）

图2-11　绣漪桥——素称"昆明湖上第一桥"（汇图网提供）

联：路入阆风云霞空际涌，地临蓬岛宫阙水边明。意为经过绣漪桥便进入神仙居所，云霞飞涌来自天边；这里濒临蓬莱仙岛，亭台楼榭绚烂水边。桥的南侧有：螺黛一丸银盆浮碧岫，鳞纹千叠璧月漾金波。意为桥身秀拱犹如美女的弯眉，圆拱恰如银盆，倒映远方青翠的山峦；湖水微漾，涟漪好似鱼鳞层叠，皓月圆如玉璧，映照水面挥洒道道金波。（图2-11）

绣漪桥拱顶高耸，形似罗锅，又被称为罗锅桥。传说，乾隆常与刘墉斗嘴，却斗不过刘墉的利口，又抓不到"罗锅"的把柄，无法治他的罪，只好到绣漪桥上跺脚出气，边跺边骂："我踩你的罗锅，我踩你的罗锅。"

　　绣漪桥俊逸飘洒，是颐和园中最高的桥。当时从京城到清漪园的水路途经西直门、高梁桥、倚虹堂、乐善园、白石桥、广源闸、万寿寺、麦庄桥、长春桥、金河口、湖心亭、绣漪桥抵达清漪园昆明湖。如今这条黄金水道被称为昆玉河，北起昆明湖，南至玉渊潭，在长河处有一支分流向东，经紫竹院通往动物园。每年春、夏、秋三季，游客可以沿着清室帝后们的足迹从水路前往颐和园，使得地处北方的北京城有了江南的灵动之气。

运河护卫大光楼

在京杭大运河的北端点西岸，有一座重檐叠角、雕梁画栋的建筑，静静地伫立在运河的岸边，那就是通州的大光楼(图2-12)。大光楼始建于明嘉靖七年（1528年），取卦爻"自上下下，其道大光"之义。明清

图2-12 大光楼（作者提供）

时期，这里是京杭大运河的北端码头，那时户部坐粮厅官员在此验收漕粮，故又称验粮楼、坝楼。大光楼位于通惠河与北运河相汇处，因临河而建，又地处石坝，建筑高阔，所以清朝乾隆皇帝在东陵祭祖时，途径通州，即在此登楼小憩，观景叹赏，吟出"也应并入谢家诗"之句，在他眼中，通州山水风景，已是山水诗派之祖谢灵运的诗中画意了。

光绪二十六年（1900年）爆发"庚子之乱"，义和团与清政府合作，扶清灭洋，攻教堂，杀洋人，义和团民就在大光楼下演练阵法神拳，并参与阻击八国联军。后来，八国联军侵占通州，将大光楼及众多古建筑物烧毁。1901年，随着南方漕粮改由火车运输，漕运荒废，石坝废弃，大光楼也随之荒废、消失。2007年水务部门结合河道治理，水闸改造，用时两年在原址复建大光楼。2008年底，一座崭新的大光楼重新伫立在大运河畔。

新建的大光楼毗邻京杭大运河北起点——北关分洪枢纽拦河闸。这是北运河一处重要的防洪控制性工程，关系到北京、河北、天津三省市的防洪安全。北关分洪枢纽始建于20世纪60年代，为根治海河流域水旱灾害而建。由北关拦河闸、北关分洪闸组成。经过四十余年的运行，闸体已老化多病，同时随着北京城市的发展，北运河的功能标准提高，老的水闸已不能满足新的防洪标准和要求，于2007年下移重建了新闸。新建的北关拦河闸迁至原闸下游906米处，位于北运河、通惠河汇合口下120米，使通惠河、北运河、温榆河、小中河、运潮减河等河道水面连通，形成"五河交汇"的自然景观。同时沟通京城二环与三环水系，完善了水系布局，为将来北京水系通航旅游，实现江南水乡环境打下基础。

大光楼历史上曾是大运河北端的标志性建筑，是名副其实的运河第一楼。此次重建，采纳文物专家的建议，在复建时找出原建筑基址并适

图2-13 忠诚卫士大光楼（作者提供）

当扩大增高，打造中国运河名楼。大光楼外形依据历史资料记载复建，只面积有所增加。(图2-13)整体共两层，高16.55米，建筑总面积为826.97平方米（其中首层高6.8米，面积527.31平方米）。大光楼作为北关分洪枢纽的重要组成部分，也转变了功能作用，除了保留有运河文化传承功能，更多的是作为北关拦河闸的管理用楼。新建北关拦河闸是北关分洪枢纽双闸之一，外形为仿古七孔石拱桥，为突出景观桥外形，水闸设施隐于桥下。楼内配备了现代化的河道监测和闸门控制运行设备，对运河上下游水资源进行有序地调控，同时保障北京雨季城区排涝及安全度汛。大光楼就像一名忠诚的护卫守候在运河岸边，眺望着河水一刻不停

应运而生

图2-14 塔影、楼影、桥影相融相伴，交相辉映（作者提供）

地流向远方。

  站在运河边回望，四面八方通视性极好的仿古拱形拦河闸桥、秀美的大光楼、京门通州的标志性建筑燃灯塔与四周现代化建筑物浑然一体。楼影、塔影、桥影交相辉映，为大运河增添了现代风韵，在碧水蓝天的衬托下，宛若一幅精美的画卷，绘出了古老运河生生不息的活力。

（图2-14）

漕运古镇张家湾

　　元时，在通州城东南有一处"泗水（白河、榆河、浑河、通惠河）汇集"的地方，在北京的运河史中地位独特，这便是漕运古镇张家湾。（图2-15）

　　当年忽必烈率蒙古大军占领中原，定都燕京，也就是如今的北京城。建朝初期，北方地区的粮食产量无法满足国民需求，江南盛产粮

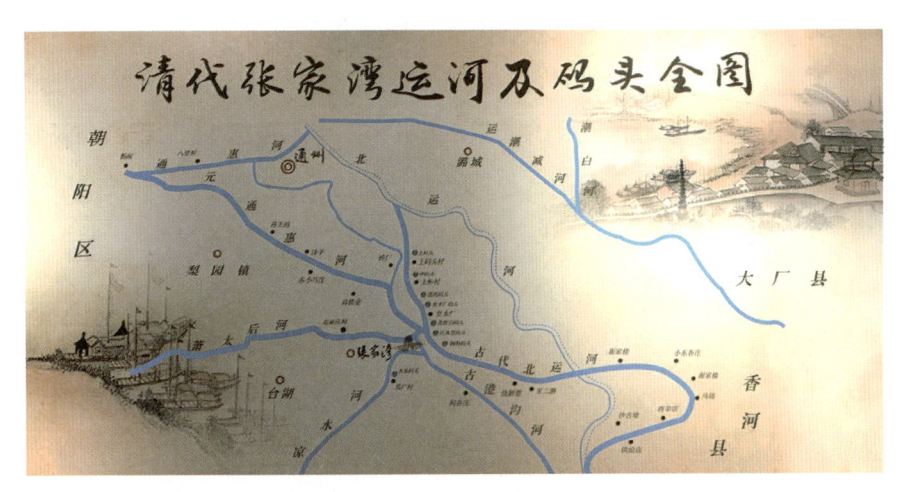

图2-15　张家湾运河及码头示意图（作者提供）

食，但只能陆路运输，费用损耗极大。至元二十二年（1285年），本擅长海道运输的万户侯张瑄首次指挥运粮船队由天津驶入白河（今北运河），逆流而上向北试航，最后驶到因河道浅涩而无法航行之处才抛锚停航，并在此处卸粮装车，转运至大都城。这条内河航线的开通，节约了大量的成本并减少了损耗，解决了"南粮北运"的重大难题。从此以后，南下北上的粮船、货船、客船，都到此地停泊转运，这里也就日渐发展成一个喧闹、繁华的码头商业区，成为北方水陆交通枢纽。为嘉奖张瑄的功劳，忽必烈将这个蓬勃兴旺的商业区命名为张家湾。

大约十年后，通惠河及大运河全线开通，由江南而来的入京客货，可经张家湾直达大都城内的积水潭码头。随着大运河航运业的兴旺发达，张家湾成为重要的商品集散地。各类店铺、货栈、客店争相开业，使张家湾沿河一带白天弦歌船号相闻，入夜灯笼桅火争明。嘉靖《通州志略》描述张家湾为"南北水路要会之处，人烟辐辏，万货骈集，为京东第一大码头"。此后的几百年间，是张家湾最辉煌的时期。

百年光阴，转眼即过，元朝末年，吏治败坏，运河疏于治理。元大都至通州的通惠河因久失疏理而淤塞，南来北往的商客漕粮，只能又退回张家湾，把它作为大运河转运的终点。明王朝在通州、张家湾两处建造了许多巨型仓库，将运到的漕粮一多半存在里面，从而提升了张家湾的战略地位。到了明朝中期，为抵御塞外蒙古人抢掠皇粮，明嘉靖皇帝下旨在张家湾建造城池，这样一可加强粮库安全保卫，二可屯兵保护这条后勤生命线，三可加强对往来客货的管理。

落成后的张家湾城周长约3千米，四面设有城门，门洞上建有飞檐画栋的楼阁，城墙高约6米，厚3米多，全部用大城砖包砌，东南城墙因紧靠河流，又建有水关三座，关闭闸门时可封锁河道。城中建巨型粮仓多处，军营若干，各类政府机构一应俱全，并在官府门前立有石碑一通，上刻礼部尚书徐阶撰写的张家湾城记碑文。去往通州、北京城的大道，跨过萧太后运粮河后由南城门入，北城门出，穿城而过，这种布局显然是为了便于控制管理往来的车辆行人。城内驻扎守军500人，张家湾城成为集军、民两用于一体的关口要塞。（图2-16）（图2-17）

图2-16　张家湾古城门（灵极限提供）

图2-17　修复后的张家湾古城门（作者提供）

萧太后运粮河故道上有一座三券平面石桥，明万历三十三年（1605年）由木桥改建，万历皇帝赐名为通运桥。与通运桥同时完工的，还有一座河神庙，它位于张家湾城南门，正好与通运桥相倚，万历皇帝赐名福德寺，庙中住持为此特立汉白玉石碑于庙门口大道旁，记刻此事于其上。不经意间，石桥傍小庙，双碑夹大道，古河绕城墙，车中闻船号，竟构成了一处极具特色的景观。（图2-18）通运桥的建成，进一步加强了张家湾的军事、经济及战略地位。

　　明嘉靖七年（1528年）通惠河的改道对张家湾码头的影响无疑是深远的，漕运码头北迁使张家湾的漕运中转功能弱化，漕运枢纽地位下降。自通惠河口北迁至通州城北以后，张家湾码头的漕粮转运功能终止，转变为商业货运码头。明嘉靖四十三年（1564年）因防御蒙古袭扰

图2-18　古碑、桥、城墙（作者提供）

抢占张家湾城，张家湾漕运码头被圈入城中后才停止使用。以漕运功能为主的上码头（今上码头村）也转为商业码头并一直延续至清代，直至清嘉庆十三年（1808年）运河改道，码头才废止。

自1528年以后，张家湾码头以商业和客运功能为主，自通州石坝码头至张家湾运河四十里，码头密布，商业发达，《长安客话》记载："自潞河南至长店四十里，水势环曲，官船客舫，漕运舟楫，骈集于此。弦唱相闻，最称繁盛。"张家湾不仅是运河商业码头，还是北京重要的客运码头，是明清时期京城送行离别之地，《帝京景物略》记载："出都门半取水道，送行人，闲者别张家湾，忙者置酒此祠亭（崇文门外三忠祠）。"张家湾客运码头遗址在张家湾城南门外以西萧太后河宽阔的河湾一带。（图2-19）（图2-20）

图2-19　张家湾客运码头遗址（孙一泓摄）

图2-20　清代驳船，张家湾博物馆藏（作者提供）

此船是张家湾苍头村一户村民祖上传下的遗物。南来的大型货船停泊在张家湾码头后再通过此种驳船把商品、货物运往京城各处。

　　古时通州流传有"船在张家湾，舵在李二寺"的俗语。张家湾东至运河口约六里远的地方，还有一个因临"泗水"而得名的村子里二泗村，元代称李二寺，明时改名。传说，村中有一人姓李，排行第二，大家称其李二，他孤身一人，无家无业，白天给地主干活，夜里住在土地庙里。他听说建庙供神能使穷人过上好日子，便决心攒钱修庙。于是，他将平日里省吃俭用所余的钱，一文一文塞进院内小地窖里。不巧被邻居家顽童看见，便偷偷将钱一文一文地拿走。几年后，李二觉得钱已攒得不少，就打开地窖查看，结果他大吃一惊，钱竟然一文也没有了。他并不灰心，继续攒钱，又一文一文装在土地爷的肚子里。又过了几年，他想钱攒得不少了，便伸手到土地爷肚子里摸，还是一文钱也没有，他又是一惊。但他依然不丧气，准备继续攒钱。一天夜里，他做了一个梦，就见从天上下来许多天兵天将，在河南岸锯树凿木，砌石垒砖，一时人声鼎沸，热闹非凡。不多时，便建起一座富丽堂皇的大庙。他十分高兴，哈哈一笑而醒，却发现原来是场梦，便郁闷死去。次日清晨，村民真的看见河南岸有座庙，便纷纷来告诉李二，可是李二已经断气了，人们便都说这座庙是他升天将天兵天将请来修建的，就将此庙叫作李二寺。后来村子即以寺名命名了。

传说毕竟不是事实，实际上，李二寺元代时称作天妃宫。在元世祖时，通惠河开凿建成，且在村西建有河门闸（1982年文物普查档案中记载仍有遗迹），河水通过此闸汇入白河（潞河）。为祈祷漕运安全顺利，在通惠河与白河交汇地不远处修建了天妃宫（庙），以保佑之。后来道士周从善敬乞皇帝赐名，而得御赐"佑民观"。万历及崇祯年间曾分别进行了重修，清顺治八年（1651年），清世祖临幸此庙，赐帑扩修。（图2-21）

佑民观坐南面北，四进院落，面积约6000平方米。主要建筑有临河木制牌楼一座，四柱三楼，悬山筒瓦调大脊，吻兽精制，五昂斗拱。（图2-22）

张家湾不仅为定都北京城的历届主人送去无尽的财富和荣耀，同时也与著名文学家曹雪芹有着密切联系。有资料记载，曹父在张家湾经营一家当铺，当铺位于南口内十里街西花枝巷内中部南侧，今当铺门市台基尚存。花枝巷西部北侧有小花枝巷，曹家染坊曾设在巷口西侧，一口曹家井尚在。张家湾镇十里街东侧，曾有曹家所开盐店，尚有几间旧房遗存。镇十字街西南侧有小关帝庙一座，俗称芦庙，因布局平面形似葫

图2-21 李二寺佑民观（作者提供）

图2-22 李二寺牌楼"保障漕河"（作者提供）

芦得名，《红楼梦》第一回中所写葫芦庙之生活原型即在此。百余年来，红学日盛，流派分立，著述雍世，各领风骚。但曹雪芹逝世年代与埋葬地点却各家争论不休。1968年，在张家湾"大扇地"里出土的"曹雪芹墓葬刻石"，上刻"曹公讳霑墓"，落款是"壬午"，下边还有墓坑，当时坑内还有一具男性骨架，墓石所在地被当地人称为"曹家坟"。对此原中国红学会会长冯其庸先生认为曹雪芹死后就是葬在了通州张家湾的曹家坟，并且这也符合中国人的传统习俗。同时如果这块墓石为真的话，那么曹雪芹去世的时间也就能确定，即壬午年除夕。

斗转星移，沧海桑田，张家湾的辉煌，已随流水东去，逐渐被人遗忘，只有这些残存的古迹，依然一年又一年，默默地守在古镇旁，成为那段历史无言的见证人。（图2-23）

图2-23 张家湾古城城垣遗址（作者提供）

应运而生

北京运河文化

3

追寻的足迹
——不曾走远的运河人

运河流淌过的每个地方都留有先人的足迹，寻着每一个足迹，可触摸到古都发展的历史印迹，又似古人在娓娓讲述那一段段故事。古人并未走远，运河传递着情感与生命。

萧太后与萧太后运粮河

辽代的萧太后（图3-1）本名萧绰，有个好听的小名叫燕燕，父亲叫萧思温，为北府宰相。根据《辽史》记载，燕燕从小就聪明伶俐，很得父亲宠爱。萧思温曾让几个女儿一起扫地，除了燕燕之外的其他几个女儿都简单打扫一下房屋就去玩耍了，只有燕燕一丝不苟，把屋子角落都收拾得干干净净。萧思温看在眼里非常高兴，说："此女必能成

图3-1　萧太后像（作者提供）

家！"这里的"成家"可不是结婚干家务之类的意思，而是指会有一番成就。父亲果然没有看错，燕燕长大后成为皇后、皇太后，协助其子击败宋朝，巩固辽朝统治，建立了不朽功业。萧太后小时候打扫屋子的故事再次印证了"一屋不扫何以扫天下"这句话。萧太后在北京地区有很大的影响力，这与她在辽宋战争期间生活在南京（现北京）和在南部地区（今通州）的游猎活动有关。

辽宋战争期间，辽圣宗和萧太后驻跸（帝王后妃出行时途中暂住）南京，春季游猎就在附近寻找水多的地方。当时通州南部地区湖泽遍布，水鸟众多，恰是春猎的好地方。此地因与辽东的延芳淀相似，于是也被命名为延芳淀。《辽史·地理志》记载了辽代帝王在延芳淀狩猎的情景："辽每季春，弋猎于延芳淀……淀方数百里，春时鹅鹜所聚，夏秋多菱芡。国主春猎，卫士皆衣墨绿，各持连锤、鹰食、刺鹅锥，列水次，相去五七步。上风击鼓，惊鹅稍离水面。国主亲放海东青鹘擒之。鹅坠，恐鹘力不胜，在列者以佩锥刺鹅，急取其脑饲鹘。得头鹅者，例赏银绢，国主、皇族、群臣各有分地。"为了打猎，辽朝还在此处设了一个县，叫作漷（水绕城郭之意）阴县，这就是今天通州漷县镇的由来。每次游猎，皇帝的后妃也都跟随，今通州于家务乡有一个村叫神仙村就与此相关。契丹社会虽然有男女分工，但弯弓射箭是其最基本的生活本领，所以契丹女人闲暇之余也过游猎生活。神潜宫就是辽代皇帝为来此打猎的后妃们建造的宫殿，后演变为神仙村。想来，萧太后也必定多次来此游猎，通州南部地区漷县村有萧太后驻跸井，还是当初"漷县八景"之一"驻跸甘泉"。萧太后作为历史上一代女中英豪，匡扶辽代江山社稷，在朝野有着巨大的社会威望，也对后世产生很大影响。传说萧太后开凿运粮河，继而运粮河有了萧太后河的名称。虽说历史文献中并无记载，只有民间传说，这条河是否真正为萧太后所

图3-2 古萧太后运粮河（作者提供）

开凿，人们并不在意，在意的是这能够增加运粮河的威名。

在北京东南郊有一条河，民间俗称萧太后运粮河。(图3-2)该河发源于北京城的东南护城河，自西北向东南流，在通州张家湾汇入凉水河。据史料记载，辽代曾从辽东海运漕粮至南京（现北京）地区。在通州、香河、宝坻一带，均有萧太后运粮河的传说，似乎佐证辽代的确曾经开凿过运河以运输海运过来的漕粮。宋辽对峙时期，双方以白沟河为界，白沟以北为辽南京地域。辽在此地驻扎有庞大的军队，需要大量粮食供应，遂利用海运从辽东运粮至南京地区，《辽史》中曾有"海漕"的记载。当时，萧太后驻跸南京，利用南京至渤海之间的自然河流，进行疏凿连通，从而把渤海运输线与南京河运连接起来。也有研究认为，辽代漕粮是由海路运至蓟运河河口，然后转入内陆运河，溯流而上，至香河县西南境入白河（北运河），继续向西北逆行几十里到达潞县南（今张家湾），再经萧太后运粮河便可到达燕京。

在张家湾南城外，萧太后河上有一座历经沧桑的石桥，当地居民称其为萧太后桥。（图3-3）此桥原为木桥，因南北客货悉经此桥，经年累月，不堪重负，后明朝改建为石桥。万历三十三年（1605年）竣工，皇上赐名"通运"，因此其正名是通运桥，而中华人民共和国成立后当地人们更习惯称之为萧太后桥。萧太后桥为南北走向，桥身平直，桥下有三孔，中孔最大约为9米，两侧券孔约为7米，桥体全长约43.3米，桥宽约10米。桥身两侧都是一色的青沙岩，两侧各18根望柱上有神态各异、雕工精美的石狮子（图3-4），19块护栏板上雕有寓意"保佑平安"的宝瓶状浮雕。中孔两边上方的镇水兽虎视眈眈地注视着两边的水势。经过数百年的车轧马踏，桥面留下了几道深深的车辙，更显古桥的沧桑。萧太后桥东西两侧

图3-3 萧太后桥（作者提供）

图3-4 桥上石狮守望古桥（作者提供）

图3-5 暮色下的古桥（作者提供）

均建有为方便乘客登岸所设的石台阶，南来的客船都停泊在张家湾城西南角外萧太后河的宽阔处，然后在此登岸。（图3-5）

　　历经千年岁月，萧太后河依旧为京城居民的生活提供着便利，发挥城市排水作用。如今萧太后河是北京南部城区和朝阳区南部的重要排水通道，受污水排放等因素影响，萧太后河出现沿线淤积明显、水环境严重恶化等问题。为了让这条通往通州区的重要河道恢复明代"河面船只穿行，河岸行人如织，如同江南水乡"的美景，市政府已开始对萧

图3-6　20世纪90年代的萧太后运粮河（作者提供）

图3-7　今日萧太后河边垂钓的人们（作者提供）

图3-8　萧太后河朝阳段马家湾湿地（作者提供）

太后河进行整治，其中朝阳段两岸将新增公园三座，并打造一条平均宽度达200余米的、连通中心城与城市副中心的水系湿地生态廊道。随着北京城市副中心的规划建设，萧太后河邻近处，北京环球影城项目已开建，随着时代的发展，萧太后河焕发出勃勃生机。不久，这条古河道将以其清流碧岸、旖旎景致，融入现代科技生活中，展现其欣荣风采。（图3-6）（图3-7）（图3-8）

韩玉、乌古论庆寿与金代闸河

金朝的第四代皇帝海陵王完颜亮为了加强金政府对北方广大地区的统治与管理，顺应时势，于金贞元元年（1153年）迁都燕京并称中都，从此开始了北京真正成为我国封建王朝统治中心的历史，也为后世北京作为首都打下了根基。

为了解决中都城的粮储供应问题，金政府不得不利用漕运来从河北、山东等地运输粮食。《金史·河渠志》记载："金都于燕，东去潞水五十里。故为牐（木闸）以节高良河、白莲潭诸水，以通山东、河北之粟。"以高梁河、积水潭的水源为通漕之水连接潞河。但因河道淤塞，漕船无法航行而未能成功。后又曾开金口河作为水源连接至通州的水路，依旧失败。《金史·河渠志》记载："世宗之世，言者请开卢沟金口以通漕运，役众数年，竟无成功。"只好陆路运输，代价昂贵。

自此后的30余年，至金朝第六代皇帝金章宗执政，皆是如此。历史评论家评定章宗统治时期为"宇内小康"。在章宗当政的20年间，虽然政治上进步巨大，但适逢黄河三次决口成灾，通达中都的漕河故道淤塞，山东、河北漕米北运困难，致使中都城内官民吃粮渐成燃眉之势。

适时，翰林院应奉韩玉提出开漕渠运粮至京城之策。《金史·韩玉传》中有记载："泰和中，建言开通州潞水漕渠，船运至都。"韩玉将一张亲手据实所绘的"潞河河流示意图"呈给章宗看，上面详细标注有高程、水深、走向、工程量等符号。据韩玉解释，潞河亦称潞水，北起通州，南到直沽寨信安海壖（今天津市三岔口），长约150千米，早在汉代建安年间曹操北征乌丸时，就曾被用作运粮河道。潞河上源东有潮河，《水经注》称鲍丘（邱）水；西有榆河，《汉书·地理志》称温余水，《水经注》称湿余水；中有白河，《汉书·地理志》称沽水。三河汇聚一起自通州南流，直达信安海壖；信安海壖往西不过几十里路，就可以与御河（今南运河）相通。而通州至京师段有金口河故道可用。这样，据测算，凿通潞水所用工夫多不过万，用时长不过年。

听了韩玉的漕渠运粮之策，泰和五年（1205年）早春，春寒料峭之时，章宗带领韩玉、乌古论庆寿以及一干治水专家离开中都，赴潞河现场实地勘察诸水。所见情形果然如韩玉所言，从而坚定了章宗开凿潞水漕渠的决心。回到中都后，章宗立即颁旨，任命乌古论庆寿督工开凿漕河。《金史·乌古论庆寿传》中载："泰和四年，迁本局（近侍局）提点。是时，议开通州漕河，诏庆寿按视。漕河成，赐银一百五十两、重币十端。"

就这样风雨无阻，经过了一个夏天，又经过了一个秋天，到了上冻结冰的时候，潞水漕河终于开凿成功。喜讯报到宫中，章宗十分高兴，立即颁旨，给建言开凿潞水漕渠的韩玉"官升两阶，授同知陕西东路转运使事"；给"按视"负责改漕工程的乌古论庆寿"赐银一百五十两、重币十端"；给所有参与改漕工程的军夫臣工以相应的奖励。同时，为彰显新漕运道对于国家的巨大意义，章宗又赐通州以上至中都闸河段水路名通济渠、通州以下至直沽寨信安海壖段潞水漕渠名天津河，寓意

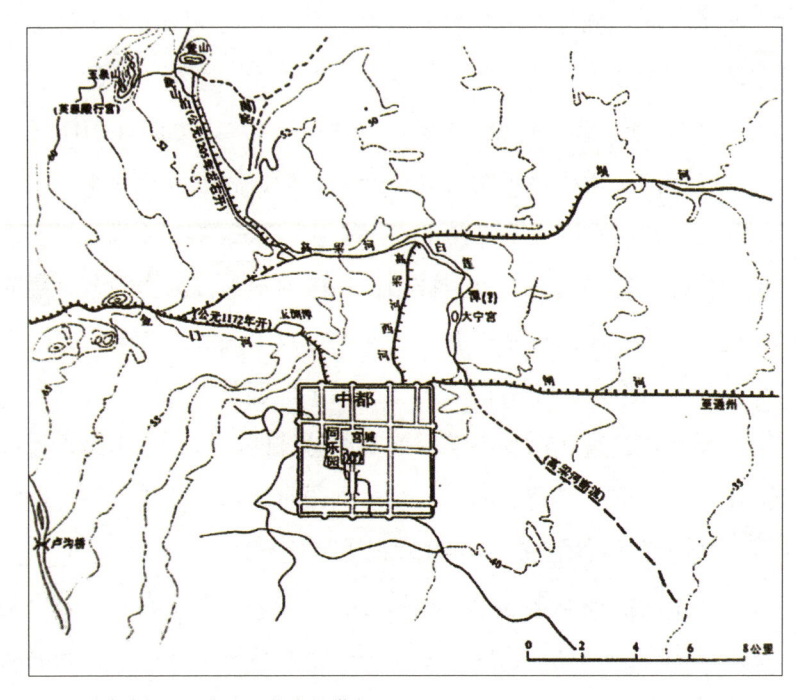

图3-9 金代闸河示意图（作者提供）

"天汉津梁，通漕济众"。直沽寨后来改称作天津，其作为京师漕运咽喉的地位由此奠定，并在此后元、明、清三代漕运发展中迅速走向繁荣。

由上述文字可知，翰林院应奉韩玉提出开漕渠运粮至京城之策，金章宗采纳了他的建议，金朝再次开凿闸河以通漕运。遂任命乌古论庆寿督工开凿漕河，并取得了成功。泰和四年（1204年），利用金世宗时期开凿的金口河旧河道，开始开凿漕河，由于中都至通州地势下降约20米，为防止河水下泻致使河道存水不足影响漕运，于是在开凿的漕河中修建数座水闸以蓄水通航，因而此河被称为闸河，即今北京市内至通州

之间的通惠河的前身。（图3-9）

闸河能够通航，关键在于新水源的开辟，闸河引用了高良河（高梁河）、白莲潭（积水潭）等水源，另根据著名历史地理学家侯仁之先生的研究，闸河还引用了今昆明湖的湖水以济漕运。水源的开拓大大增强了闸河的输送能力，漕粮自河北、山东等地抵达通州后，"由通州入闸，十余日而后至于京师"。尽管金朝后期开凿闸河解决了通州至中都城之间的漕粮运输问题，但是闸河在实际使用时或通或塞，并未取得理想效果，故后来通州至中都之间漕运运输仍旧以陆运为主。

但是金代闸河的开凿无疑在一定程度上改善了通州至金中都之间的漕粮运输效率，并为后世通惠河的开凿埋下了伏笔，在北京漕运发展史上意义重大。

郭守敬与元代通惠河

京杭大运河漕运千年，自元代走向鼎盛，缘于大科学家郭守敬成功解决了漕运的关键因素——水源问题，他亲自规划、设计，开挖通惠河，因而名垂史册。（图3-10）

元朝忽必烈定都北京，需要从南方调运大量物资来支撑首都的需求，漕运成为上策。谁来担此重任呢？当时首都的建设事务是由郭守敬的老师刘秉忠负责，因而他将自己的得意门生推荐给了元世祖。

图3-10 郭守敬塑像（作者提供）

早期，郭守敬想利用永定河作为水源，但担心其会对首都的安全产生隐患而作罢；又想利用坝河进行转运，但其水量有限不能满足需求，于是最终决定另开新河。郭守敬带领众官员及水利工程师们对北京周边进行详细考察勘测后,终于发现了"新大陆"。大都城西北部山泉丰富,汇集起来即可形成济运水源。于是提出了引白浮泉济漕的方案。至元二十八年(1291年),郭守敬向元世祖提出了开凿从大都(今北京)到通州漕运河道的建议。由于是经过仔细查勘后提出来的切实计划,并对经由路线、受益情况等项都说得清清楚楚,元世祖认为郭守敬的建议很有道理,当下就任命他负责开挖和管理等工作。(图3-11)

至元二十九年(1292年)春,运河工程动工,开工之日忽必烈命丞相以下官员一律到工地劳动,听从郭守敬指挥。此举虽然只是个象征,但却反映了忽必烈对这条运河的重视程度和郭守敬在水利方面的权威。郭守敬领导大家开辟了白浮堰(实为人工引水渠),起点为昌平白浮村的神山泉,开渠引水沿等高线西行,并"顺手牵羊"收纳西山各路泉水后转向东南汇入瓮山泊(又名七里泊,清代向东南开拓,改名为昆明湖),把它作为控制引水的调节池。再东流至大都城积水潭(今什刹海)。一鼓作气继续向东南进发,开凿了由积水潭到通州高丽庄(今张家湾)的京杭大运河最北的一段——通惠河。自白浮泉至通州全长82千米(元制为164里142步)。他不仅根据大都的地形地貌解决了通惠河的水源问题,而且按地形地势变化及水位落差,在河中设闸坝、斗门,调节水位、水量,即"互为提阏,以过舟止水",两个水闸配合使用,所谓"互为提阏",即一起一闭互相配合。这样,在河道坡度较大的地方,可以使水位保持在同一水平线上,以便漕船行驶。北上的船只行驶至闸位处,先提起下闸让船进入闸内,然后关闭下闸闸板,待闸内水位和上游持平后,再打开上闸,漕船继续向上游行驶,如此由低到高,节节攀升,直至大都城内。在通惠河40余千米长的河道上,布设水闸24座,分11组上下水闸配合运用,互为提阏,以过舟止水。此水利科技成

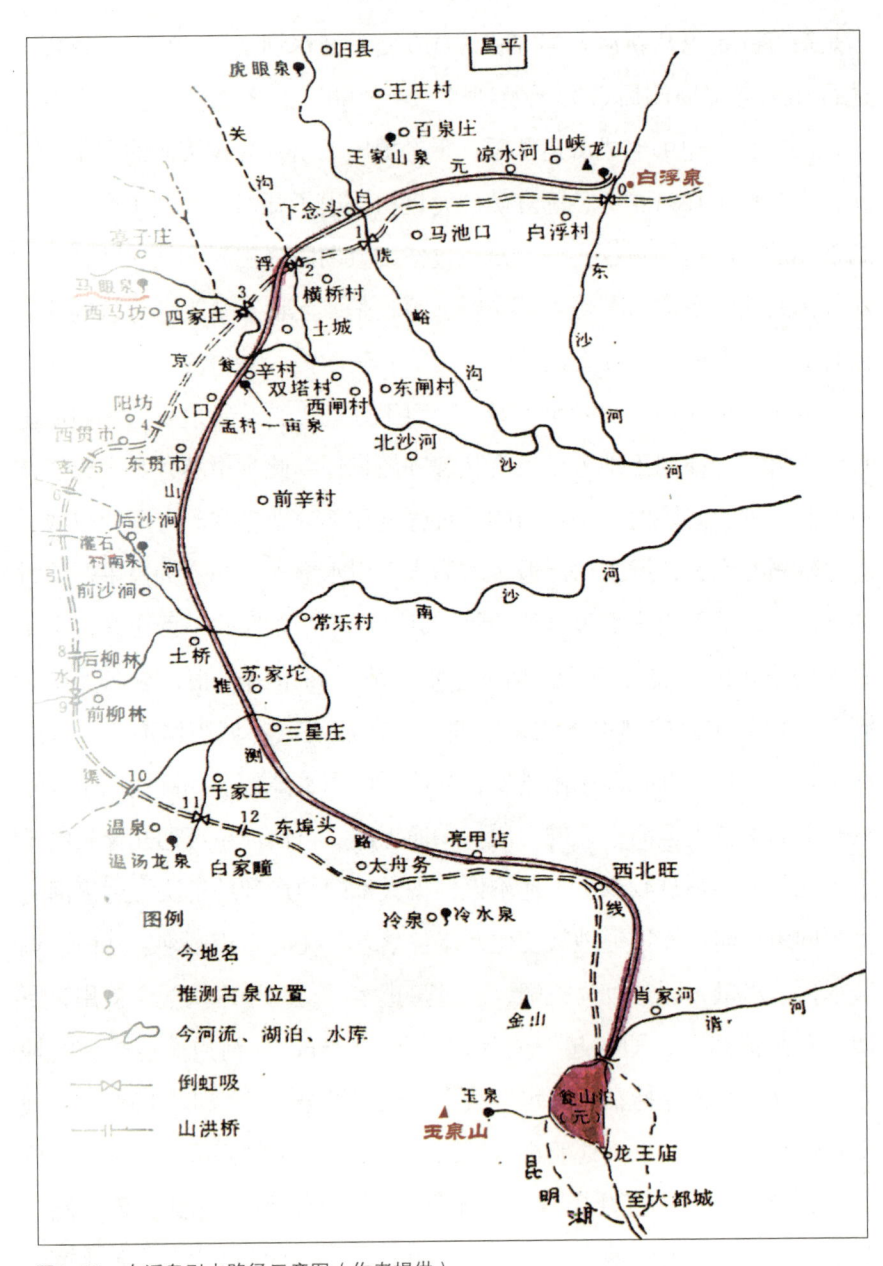

图3-11 白浮泉引水路径示意图（作者提供）

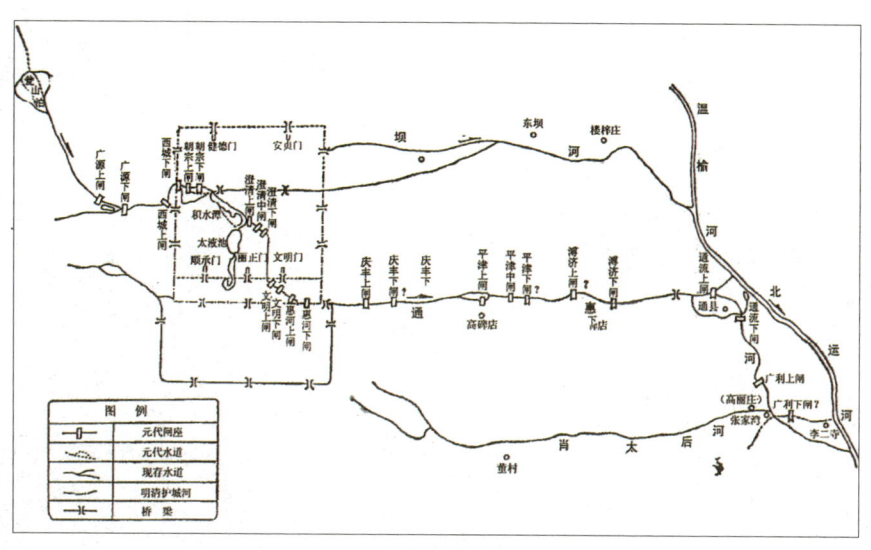

图3-12　元代通惠河24闸位置示意图（作者提供）

果不仅在当时的13世纪处于世界领先地位，而且仍在今天的航运技术中应用。至元三十年（1293年）七月，历时10个月的奋战后，通惠河建成。（图3-12）

通惠河修成后，南来的漕船沿白河（北运河）至通州高丽庄后经通惠河西行入大都城驶入积水潭。忽必烈从上都（今内蒙古锡林郭勒盟境内）草原归来，行至积水潭（图3-13），看见浩浩荡荡的船队

图3-13　京杭大运河总码头——积水潭的标志坐落在什刹海东南角（孙一泓摄）

图3-14 国画《通惠河览春图》节选，方志新绘（作者提供）

《通惠河览春图》是北京民俗风情的国画长卷，画卷总长14.6米、高0.35米，一幅长卷铺展京东古时春光乍泄的通惠河。

驶入大都城，展现出"舳舻蔽水"的壮观场面，高兴极了，为河道赐名为通惠河，并重赏郭守敬（元钞一万二千五百贯），加封官职为太史令兼提调通惠河漕运事。郭守敬晚年仍致力于河工水利，兼任都水监。至元三十一年（1294年），郭守敬任昭文馆大学士，兼知太史院事。元仁宗延祐三年（1316年），郭守敬去世，享年八十六岁。（图3-14）

郭守敬不仅疏挖了通惠河，沟通了大都城与北运河，实现了京杭大运河南北全线贯通；还借引水济漕，使北京西郊及京城西部水脉丰润，平添姿色。水系沿途陆续修建了多处皇家园林、庙宇、塔寺，如著名的颐和园等，使京城更增添了秀美与灵性，铸就了今日京杭大运河上游文化遗产的诸多经典之作。

需要说明的是，今天的玉河曾是元代通惠河的一段（明代北京城内

的通惠河河段废弃，改叫玉河），漕船可以通过此河进入到积水潭。近代以来，北京城市日渐发展，玉河逐渐缺水断流。新中国成立后，于1956年将玉河河道彻底填埋，上面陆续盖起了民房，玉河故道遗迹消失。随着运河文化遗产保护热潮兴起，运河文化遗产保护得到重视，2005年，玉河作为北京市文保试点项目之一，保护工程获批立项。（图3-15）2007年4月，北京市文物研究所开始一期考古挖掘。在历时一年多

图3-15　玉河古道碑（孙一泓摄）

的发掘过程中，清理出元、明、清时期的河道及堤岸，东不压桥、玉河庵东配殿等一批重要的遗迹；出土有玉河庵碑、银锭锁等大批文物；整理出东不压桥遗址、驳岸遗存等各种文化遗产。（图3-16）（图3-17）

图3-16　玉河故道及东不压桥（孙一泓摄）

图3-17　玉河庵及玉河庵碑（孙一泓摄）

明代吴仲重开通惠河

时光有如运河水奔流向前，转瞬流至明代。通惠河的命运也因朝代更替而沉浮。明初因建都南京通惠河便被废弃了，直到明永乐年间才开始治理，疏浚河道，但因没有重视水源问题，加之扩建都城时部分河道被划归城内，通惠河的起点也改至东便门的大通桥（后来通惠河也称大通河就是这个原因），致使通惠河时通时塞，官府多次尝试疏通都没能成功。通惠河淤浅，漕船无法进城，当时很多粮食便存放在通州仓储，增加了调运的难度。（图3-18）

嘉靖七年（1528年），吴仲任巡仓直隶督察御史，目睹了通惠河的现状，深思熟虑后上奏朝廷，一是分析之前通惠河多次修复不能真正修通的原因是官员们的既得利益受到影响，工程因受到阻挠而不能进行彻底，若抛开这些因素即可成功；二是提出规划建议，利用原通惠河闸坝进行改建，可节省费用。另外将通惠河口由张家湾调至通州城北，在废土坝处新建石坝，漕船由北运河直抵石坝，然后搬运至通惠河，可直达京都，省去张家湾至通州搬运之艰。通惠河一旦修通，陆运改水运每年可节省运费达20万。吴仲的建议在当时引起众多官员争议，主要是牵扯

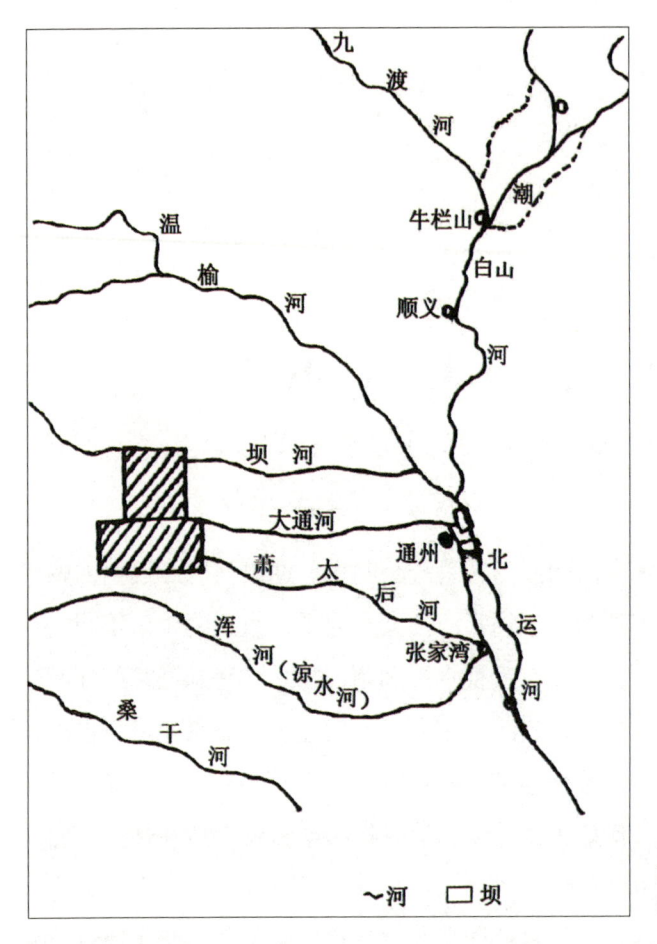

图3-18 明代运河河道示意图（作者提供）

到个人利益问题，但得到了几位重臣的鼎力支持最终得以实施。

在吴仲等人的主持下，通惠河开通工程自嘉靖七年（1528年）二月四日开始兴工。吴仲等人沿河往来巡视，亲督委官夫匠，修造大通桥至通州一带河道、桥梁、闸坝、堤岸、官厅、厂房等，至五月二十二日，通惠河疏浚工程完工，历时四个月一百六十多日。通惠河开通后，成效显著，当年运送粮食费银才7000两，可谓事半而功倍。此后，通惠河在明清两朝的精心治理下，一直畅通无阻，漕艘直达京师，并一直延续到清朝末年。

据明代《通惠河志》记载，吴仲重修通惠河完全依照元代郭守敬的引水路线，广收北山、西山诸泉，截引沙河、温榆河，致使通惠河水势大盛，除漕船不能进入积水潭而改泊大通桥外，其他基本恢复了元朝旧观。在置闸问题上，采用分段以驳船递运的方法，所以精简了闸座。自大通桥至石坝共设闸五座，为庆丰闸、平津上下两闸、普济闸、通流闸，每处用驳船60只，日运一万石。至大通桥码头登岸，再用车运至京城仓储。晴天丽日，还可水陆并进，直赴京城。同时还加强闸坝管理和治安巡防。（图3-19）

吴仲重新开通惠河，在通州城附近将下游河道进行了调整。重开后的通惠河起自北京东便门外的大通桥，沿元代通惠河河道向东开浚，直至今天通州旧城西北角的天桥湾，放弃了元代通惠河的河道，在通州城北疏浚原闸河旧河道，使通惠河自通州城北汇入白河。为了将京仓漕粮

图3-19　通惠河大通桥旧景（作者提供）

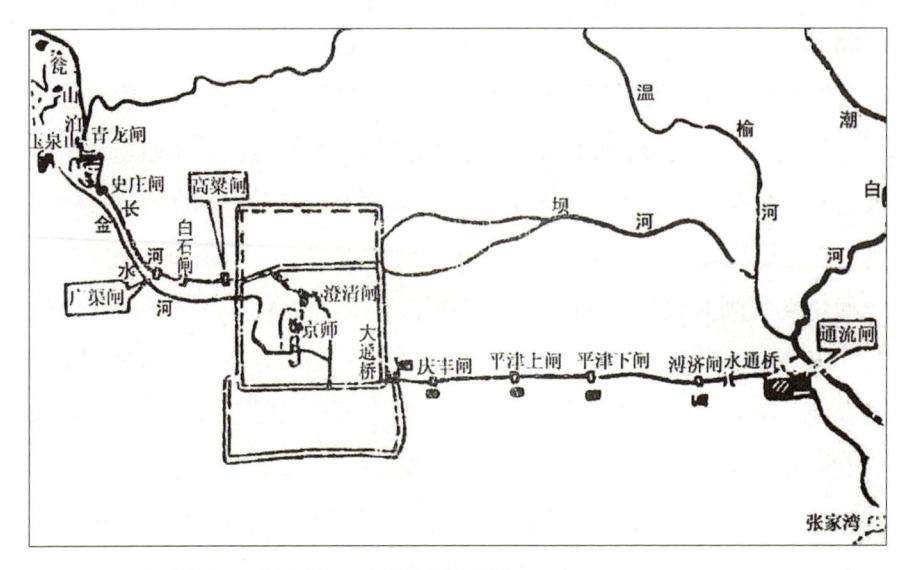

图3-20 明代通惠河"五闸二坝"示意图（作者提供）

从白河搬入通惠河，吴仲又在通州城北门外通惠河口南侧新建石坝一座，石坝高一丈六尺，长二十丈，阔一丈一尺。漕粮经石坝搬运转至葫芦头漕船入通惠河，然后溯河而上，经五闸逐级递运，一直抵达北京城大通桥码头。另外为转运通仓漕粮，吴仲在通州城东关外建土坝一座，漕粮在此卸载，然后经州城东门搬运至通州仓储存。通惠河上的五座水闸和通州城的土石二坝合称"五闸二坝"。（图3-20）

葫芦头今为西海子公园内的一个湖泊，以形似葫芦得名。葫芦头原为金代闸河与明代通惠河故道的终点，为转运漕粮码头，其东侧就是紧邻北运河的石坝码头，南来漕粮自石坝码头转运至葫芦头内的船上，然后再沿着通惠河运到北京城。葫芦头紧靠古通州城的北门城墙，北有一个滚水坝。史书记载，金代闸河在通州城北入潞河，明代吴仲重新疏通通惠河时就利用了金代闸河故道，葫芦头实为金代闸河的遗迹。如今葫芦头西面的高土堆下，就是原来的通惠河故道。葫芦头现状保存较好，

随西海子公园建设，呈现出现代园林面貌。（图3-21）

吴仲的规划基本付诸实施后，大运河再次通航，四方商贾会聚京师，促进了北京城的经济发展。反之，首都的社会经济生活需求又推动着北京的运河事业兴盛，直至被清朝传承下来。吴仲也将倾付了自己心血的通惠河修治历程亲笔撰写成《通惠河志》，彰显历史，以鉴后人。

图3-21　通惠河葫芦头遗址（作者提供）

应运而生

北京运河文化

4

高歌浅吟
—— 运河的诗与远方

北运河以其重要的漕运功能促进了北京城的发展，河流水域沿线闸、桥、楼、寺、堤林、码头之处往往一泓清水、游鱼花枝相伴，招引游人前来观赏，历代文人墨客更是借景抒怀，留下诸多诗词歌赋。同时，很多民间广为传播的词情诗意更如鲜花吐蕊，芬芳沁心，弥久留香。

词情诗意话运河

运河第一闸——广源闸

"细水才如涧，涛奔怒不流。虹梁收别壑，雪瀑溅高秋。"

这首明代《广源闸观水》所描述的就是水从昆明湖绣漪桥南行，至长河东流至广源闸之景。昆明湖之水自绣漪桥迤逦南行，至长河东流即到了通惠河引水进京的咽喉，素有"运河第一闸"之称的广源闸了。这是通惠河24闸中历史最早，也是最重要的一座。

历史上，长河是连接昆明湖（颐和园）和积水潭的水段，全长1500

图4-1 广源闸旧迹（作者提供）

米；但现代长河起点是长春桥，终点是北展后湖，全长5060米。元代，在修建长河的同时，也修建了著名的"长河第一闸"广源闸。明代万历五年（1577年），在广源闸旁修建了皇家庙宇万寿寺，以及紫竹院公园的前身紫竹院庙宇。

广源闸东与紫竹院公园相通，西距万寿寺约百米。元朝至元二十六年（1289年）建，明代《长安客话》记载："出真觉寺循河五里，玉虹偃卧，界以朱栏，为广源闸。俗称豆腐闸即此闸。"元代广源闸共两座，现存为上闸，是从城区乘船游西湖、玉泉的必经之处。历史上记载元代皇帝西行到玉泉山出游要经过这里。清代皇帝们去清漪园昆明湖也都是在此换船达绣漪桥。乾隆皇帝也曾赋诗："广源设闸界长堤，河水遂分高与低。过闸陆行才数武，换舟因复溯洄西。"因广源闸壅水较高，无法通船，人们只得下船经陆路绕过闸门，即使身为"真龙天子"亦是无可奈何啊。（图4-1）

图4-2 扩建后的广源闸（作者提供）

广源闸对运河引水进京具有调节水量、控制水位的作用。因其作用重要，历代官府都对其精心管理，一直使用至新中国成立后，1979年将原木桥改建为钢筋混凝土桥。1998年长河治理时又进行了修缮，

图4-3 广源闸北侧的龙王庙被列为文物保护单位（孙一泓摄）

增加了汉白玉栏杆。广源闸东北侧有龙王庙，于1999年与广源闸一起被海淀区定为重点文物保护单位。（图4-2）（图4-3）

85

通惠河上第一桥——万宁桥

"金沟河上始通流,海子桥边系客舟。此去江南春水涨,拍天波浪泛轻鸥。"

此诗名为《海子桥送客》,出自元代进士杨载。杨载是杭州人,曾任翰林国史院编修官。诗中所提金沟,即金水河,亦称金水、金河。海子桥即万宁桥,亦称后门桥。

元代南方沿大运河北上的漕船经通惠河溯流直上可直接驶入大都城内"舳舻蔽水"的积水潭码头,在码头入口处有一座著名的古桥,即万宁桥。漕船入积水潭必须从此桥下经过,此桥可谓"阅船无数"。从诗中可知当时这里也是送客的地方。

万宁桥原为木桥,元至元二十二年(1285年)改为单孔汉白玉石桥,长10余米,宽近10米,桥面用块石铺砌,中间微拱。桥的两侧建有

图4-4 万宁桥(澄清闸)旧迹(作者提供)

汉白玉石护栏，雕有莲花、宝瓶等图案。因直对皇城北门，皇城北门又称后门（元代为后载门，明代为北安门，清代为地安门），故也叫后门桥、地安桥。因处海子（今什刹海）东，又称海子桥。万宁桥属于"桥闸"，具有双重功能：既是桥可通行，又是闸以制水。郭守敬开凿通惠河，将积水潭作为水库，而又在通惠河沿途设立闸坝以资控制，通过提放水闸，以过舟止水，保证南来粮船直驶大都城内。设在万宁桥下西侧的水闸叫澄清闸，又名海子闸，是控制积水潭水流的第一道关卡。作为大运河的终端，一路溯流而上的江南粮船，降帆穿过万宁桥，就进入可抛锚卸货的避风港了。如今闸口遗迹仍存在。（图4-4）

万宁桥位于北京城南北中轴线的北部，为元大都城内通惠河上的重要通水孔道。由于交通便利，又毗邻皇城，加之景色不逊江南，因此，古时万宁桥附近商肆画舫云集，丝竹悦耳，酒香醉人，好一派繁华景象。1949年北京修建鼓楼大街时，将河道改为暗沟，将桥主体埋入地下，仅存桥两侧的栏板。直至2001年北京城市河湖整治工程中，恢复了桥上下游河道并将全桥完全亮出，万宁桥才重现姿容。万宁桥在元大都的建筑设施中具有重要的地位，是研究北京漕运的标志之一，也是北京漕运历史的见证。

千年古村——高碑店

"高居皇道，碑写千年，店贾万家，村富民康。"这首藏头诗表述的就是距天安门仅8千米的长安街东延长线上，京郊最有名的古村落之一高碑店村。古运河穿村而过，灵动而秀美，也为高碑店村带来了无限的生机与活力，高碑店有"运河源头第一村"之美誉。

村庄北依京通快速路，南傍广渠路，西临东四环，东靠东五环。古老的通惠河傍村而流，通惠灌渠从村中穿过，京城水系旅游终点站通惠

图4-5 平津古闸（高碑店闸）（作者提供）

图4-6 平津古闸（现称高碑店闸）遗址（孙一泓摄）

码头就在村边，乘船北可达颐和园、东到通州城。古时先民依水而居，有着千年的历史。

据考，高碑店辽代已经成村，曾名"郊亭""高米店"，清代更名为现名。辽金时代，高碑店还是一个漕运码头、皇粮商品的集散地，元朝时曾经盛极一时。（图4-5）（图4-6）清代《日下旧闻考》中也记有：通州至京城中途有高米店，旧时为皇粮转运站，在平津闸边设有码头。也有说此处曾名高蜜店，相传此处人们在郎家园枣树林以养蜂酿蜜为生，方圆数十里来此购蜜者颇多，因此而得名。

高碑店村的形成，离不开通惠河。通惠河从积水潭起至通州，行船漕运主要在这段河道中进行。为节制水流、便于行船，通惠河的干线上修建了系列水闸，而郊亭闸（后改名平津闸）即是现今的高碑店闸。高碑店逐渐成为重要的货物集散地，形成高碑店码头。来往商船纷纷聚泊在此，渐成集镇。清时高碑店为顺天府大兴所辖，由于其特殊的地理位置和码头的商业作用，使得往来商贾贸易聚集，人们为此兴建房屋和庙宇。码头繁忙的漕运，市集庙会的热闹，使其成为京城最繁盛的"港口"之一。（图4-7）

至清末，通惠河因久失疏理而淤塞，漕运退出了历史舞台，高碑店村也逐渐失去了往日的繁荣之景。勤劳而自强的高碑店人并未因此一蹶不振，几百年来的漕运带给高碑店人富庶，也带给他们生存的智慧。

图4-7 《千年古村高碑店》，方志新绘（作者提供）

图4-8 郊亭夕照（孙一泓摄）

图4-9 高碑店盛产小金鱼——高碑店村培育出的北京地区特色鱼种，是历史文化传承特产之一（作者提供）

图4-10 《日下旧闻考》书影（作者提供）

　　进入现代，为不让这座历史名村就这样湮没在时代长河之中，高碑店人抓住地域深厚的历史文化底蕴，以此作为发展的基础和切入点，挖掘高碑店地区的古文化，打造高碑店地区的特色经济，在通惠河两岸建成了集古典家具、民俗旅游、休闲娱乐于一体的"高碑店模式"新社区。如今的高碑店是一个具有古朴历史和独特产业的现代旅游村。这里既有平津古闸遗址、龙王庙、将军庙等历史古迹，也有精致的古典家具街、文化新大街，还有中国民间艺术体验馆和民俗园古石雕中心等，是民俗村的典范。沉寂已久的千年古村高碑店一跃成为京郊民俗旅游的重要基地、中国北方最大的古典高端家具集散地、北京最大的古典家具和古玩杂项文化一条街，高碑店村又复燃了历史风貌和文化气息。（图4-8）（图4-9）（图4-10）

往日的喧嚣浮躁，已被如今的从容淡然取代。高碑店村逐渐形成与发展，与身旁流淌的通惠河唇齿相依。祖先择水而居，文化代代相传。至今，高碑店人的生活，映射着京东地区广大村民生活的缩影，民俗、庙宇、宗教等多种文化共生。放河灯、踩高跷、大秧歌、诗会等民风民俗，朴实而久远。（图4-11）（图4-12）（图4-13）

图4-11　高碑店民俗高跷会（作者提供）

图4-12　高碑店村史馆（作者提供）

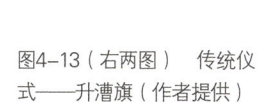

图4-13（右两图）　传统仪式——升漕旗（作者提供）

漕旗、漕灯是皇家运河的标志。迎风招展的漕旗昭示着漕船即将驶入京城，漕船要升船旗致敬，并相接缓行。每年三月至十一月，晚上漕灯都在日落时点亮升起，为夜航船只指引方向，传递平安航行的信号。今天，高碑店漕运庙会在平津闸又一次升起了漕旗、漕灯，使游人恍若置身历史时空之中，更加领悟到这座老闸的古朴与沧桑。

图4-14 通惠河回望（作者提供）

  高碑店村一路走来，见证着古老运河的前世今生，这一方水土养育出的乡土民情，融入了古老运河的上下千年。（图4-14）
  随附：
  绿野春红吐幽情，宏碁宝鼎映碧空。
  古村多少天涯客，源水舟漕耐晚风。
  此间京畿无多地，独有高碑夕照中。

只把此图寄君意,今人言古各不同。

——诗画作者:方志新

漕运通济——通州(诗四首)

"天际沙明帆正悬,翩翩遥望影相连。漕艇贾舶如云集,万国梯航满潞川。"

简注:选自《通州志》。作者是清代尹澍。梯航,指爬山越海经历险远的道路。此诗形容昔日潞河水势环曲,"万舟骈集"的景色。

"河冰初解水如天,万里南来第一船。彻夜好风吹晓雾,举头红日五云边。"

简注:选自《通州志》。作者是元代贡奎。五云,指五彩祥云,意为吉兆,是就皇帝居住之地皇都而言。

"潞水年年沙际流,都人车马到沙头。独憎杨柳无情思,送尽行人天未秋。"

简注:选自《日下旧闻考》。作者是元代马祖常。

通州位于京杭大运河的北端,"取漕运通济之意"。所以说,通州也是因大运河而得名,而发展的。北运河是北京的一条重要水路交通要道。清代以前人们从北京出发,旱路主要通过卢沟桥出京,水路则是从通州北运河出京。北运河的交通运输除粮食、货物之外,人员往来也络绎不绝。尤其是江、浙等华东一带的文人进京会试,官吏述职赴任或致仕回乡多是从这条水路上走。触景生情,北运河成为他们引发诗思的河流,留下了他们的愁思与快乐。

"清浅潞河流,常维万里舟。越罗将蜀锦,充满潞滨楼。"

简注:选自《通州志》。作者是明代杨士奇。维,连接。将,与、共。越罗、蜀锦,泛指苏杭与四川的丝织品。当时运河船商常贩卖这类纺织品。

  这首诗说明大运河所运输的不仅是粮食，还有各种商品货物。商人们通过运河南来北往进行商品交换活动。通州也就成了四方辐辏的水路码头。(图4-15)

图4-15　古通州运河回望（作者提供）

运河号子·运河谣

几百年来，运河人在劳动中讴歌自己的生活，其中之一的"运河号子"(图4-16)成为运河文化和北京文化标志性的符号，是漕运不可缺少的元素。运河号子是指通州到天津段运河（即北运河）的船工号子，是通

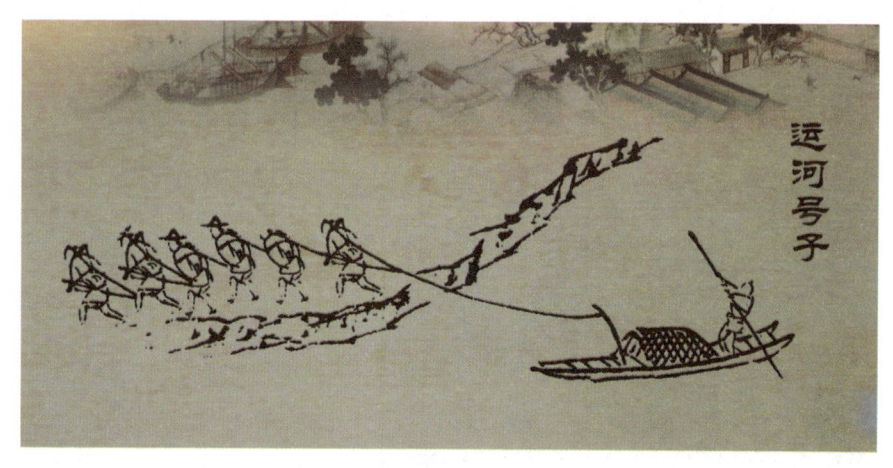

图4-16　运河号子素描（作者提供）

　　通州运河船工号子是指通州到天津段运河（即北运河）的船工号子。它是运河船工为统一劳动步调，增加劳动兴趣，提高劳动效率而创作的一种民歌。运河船工号子的渊源，如今只能根据演唱者的回忆追溯到清道光年间。它是以家庭、师徒互学的方式传承至今的。

州地区的特色文化。

通州的运河号子有许多特点,这是由运河的"性格"决定的。运河是人工开凿的河流,担负着沟通南北交通的重任。它水势平稳和缓,像母亲一样坦然安详、温柔善良。它滋润着两岸的人民,体现着一种阴柔之美。因此运河号子也有运河一样的"性格"。

运河号子是在漕运中形成的艺术形式,包括"起锚号子""拉纤号子""出仓号子"等近十种,属于民间音乐范畴的劳动号子,是一种独具特色的劳动歌曲,体现了人们因劳动而快乐、而热爱生活的淳朴本质。(图4-17)

幸运的是,这段鲜活的记忆经过几百年的传承,至今仍有传承人。从小在运河边长大的赵庆福老人及其后代将此非物质文化遗产传承了下来。2006年1月,运河号子被评定为北京市级非物质文化遗产保护项目。作为大运河漕运历史的鲜活记忆,通州运河号子是运河文化的标志性符号之一,也与黄河、淮河、长江上的号子遥相呼应,用劳动的呐喊和激情共同抒发着一代又一代船工们的梦想。

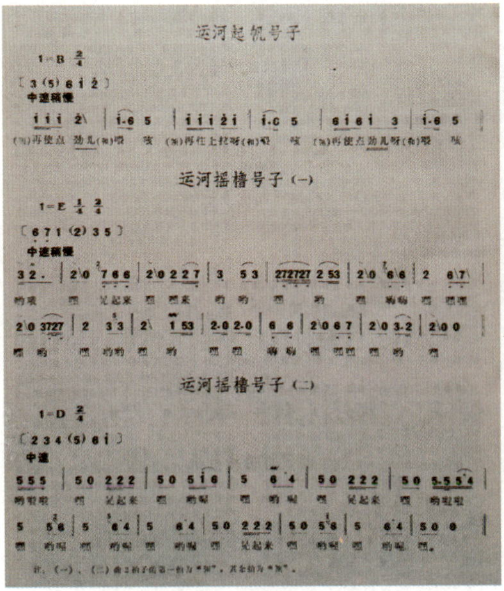

运河船工号子独有的风格特点可以概括为"水稳号儿不急,词儿带着通州味儿,北曲儿含南腔儿,闲号儿独一份儿"。

图4-17 运河号子词谱(作者提供)

运河经过的地方都是平原，水势平稳和缓，所有船号也有一样的特点，平稳柔和，没有紧张激烈的节奏，这是它区别于其他船号的独特之处。小福子（传承人赵庆福儿时的称谓）刚学号子时，唱得又快又急，奶奶告诉他，运河水稳，不像海河那么冲，号子要喊稳。赵庆福也在武汉长江大桥附近听到过长江江船的出仓号，运河船的出仓号要比长江船出仓号慢一倍甚至更多，由此可以看出运河号子的一个特点，不急、稳妥。（图4-18）

运河船工号子种类不同，节拍也有所不同。撑篙号就有快拍和慢拍之分：逆水行舟时需用力撑篙，而且撑篙的节奏要加快，所以就用快拍号子；顺流航行时船只行驶平稳，撑篙不需太大力气，节奏也无须太快，便可用慢拍号子。唱号子一般需要一名领号者，待领号者唱出，其

图4-18 运河号子传承人赵庆福（作者提供）

图4-19 赵庆福老人的后代继续传承这一运河非物质文化遗产，图为向游人描述当年的场景（作者提供）

他人随之应和。领号者要根据船舶行驶状态，掌握号子的轻重缓急，以调动大家的情绪，目的是统一劳动步调，增加劳动兴趣，提高劳动效率。唱号者不但可以边干边唱，也可以不参加劳动，站在船上专司其职，船民们称此类号子为"甩手号"。（图4-19）

清光绪年，国运大衰，朝廷改征粮为折征银两，漕运废除。水运衰败，陆运兴起。运河号子也失掉了它的原有功能，但它那富有特点的音调，至今在民间流传，并发展为多种民间歌谣。运河谣成为运河沿岸民间喜闻乐见的民歌曲调。

通州流传着这样一首民谣："通州城，好大的船，燃灯宝塔做桅杆，钟鼓楼的舱，玉带河的缆，铁锚落在张家湾。"

歌谣中所唱的玉带河，历史上为明代所挖的通州护城河，引通惠河水，自新城西门外南流，经新城西门、新城南门、旧城南门，与东水关流出的通惠河汇合南流，经土桥至张家湾与凉水河汇合，流入北运河。由于缺乏维护，通州护城河常常因缺水而干涸。万历二十二年（1594年），户部郎中于仕廉开始引用通惠河水入护城河用以运输漕粮。

玉带河前身为元代郭守敬开凿的通惠河河段，元代通惠河流至通州古城西北角今之天桥湾处，沿着古城墙西侧南流至西水关（今西海子西路南口）东转，东经闸桥，过东水关南转，出东水关后南流的河道即为玉带河。玉带河在通州旧城东南角有南溪闸，流经土桥有广利闸、广利桥，在张家湾城东玉带河上有东门桥，再往南有虹桥（图4-20），这些均为元明时期漕运旧迹。嘉靖七年（1528年），重开通惠河，改通惠河在通州城北入运河。流经通州城至张家湾的通惠河河段遂被废弃，后来被称作玉带河。

玉带河现为萧太后河的支流，位于通州古城和张家湾古城之间，现在玉带河自古城东路南口至梨园南路河段已经盖板，梨园南路以下玉带河河道还在，但被裁弯取直，稍有调整。张家湾城东的河道保存较好。

在通州流传的这首民谣生动地展示出通州城、张家湾铁锚寺和玉带河共同构成的文化意象，铁锚寺在张家湾古城北门外，玉带河弯弯曲曲形似缆绳，将通州城这艘大

图4-20 张家湾虹桥（作者提供）

船稳稳地固定在大运河畔。由此可见，玉带河既是元代通惠河故道，又有丰富的运河文化寓意，历史文化价值很高。

"运河水长长，满河里走皇粮。两岸买卖铺，吃饱喝足有地儿住。四通八达都是路。"这首民谣吟诵了当年漕运盛景和古通州的繁华、大气。（图4-21）

图4-21 运河古景——运河上船夫的身影，20世纪30年代拍摄，选自《流光旧影认通州》老照片集，北京市通州区图书馆藏（作者提供）

拍摄者位于通州附近的大运河右岸向东北拍摄。照片中所现河面宽阔，但河水漫散很浅。一艘较大的货船满载货物正从天津方向向通州城行驶，因迎风故落下高帆，由数名船夫用篙撑进，左岸河坡较高。

纤夫号子

留在老人们记忆中的还有纤夫号子。"大家一使劲儿呀！唉嘿呦！纤绳背在肩啊！兄弟抱成团啊，回家吃汤圆呀！大家一放松呀，回家喝西北风啊！现已是隆冬，出汗暖融融，尽管皇木沉啊，大家要齐心啊！大家一使劲儿啊，皇木往前顺啊！过了八里桥啊，到了郊亭闸啊，看到庆丰闸啊，兄弟们就开拔（跑了）呀！领回拉纤钱啊，回家好过年啊！"这段纤夫号子鲜明地反映了纤夫生活的艰辛与劳有所获的快乐。

（图4-22）还有一首比较典型的形容小毛驴儿拉纤情景的歌谣："小毛驴耳朵长，河畔拉纤送皇梁（粮的谐音）。小毛驴拉纤铃铛响得欢，不用扬起鞭，皇木稳稳往前钻。走起四个铁蹄子，踏得河岸嗒嗒响，

图4-22 纤夫的身影，20世纪30年代拍摄（作者提供）

图4-23 运河边停靠的船只（作者提供）

20世纪30年代拍摄，选自《百年沧桑》通州历史图片汇编

回家给啊草料赏。"听了这些民谣，大家有没有马上脑补出运河畔那鲜活的场景呢？

提起运皇木，就要说到通州区的皇木厂和朝阳区的神木厂了。两个古村均因运皇木而生，而得名、发展。《诗经》云："坎坎伐檀兮，置之河之干兮。"过去皇家修造宫殿、王府等所用的名贵木材从南方转运到通州便集中存放在张家湾运河边的皇木厂，久之这里便成为以木材为主的仓库。皇家各处要用木材需经批准后，再从皇木厂调出，运至神木厂加工后再运去安装使用。前面的纤夫号子及歌谣就是形容沿通惠河运输皇木的场景。（图4-23）

皇木厂村之名就源于存放皇家所用木材的皇木厂。（图4-24）作为有着200年历史的古村，皇木厂村南即是萧太后河的河口，村内有大量历史古迹，散发着历史文化气息。明永乐年间建设北京，木材砖石所用浩繁，多由大运河自南方运至此处存储，现今村内还留有当时管理木厂的官吏所植的一株古槐（图4-25），如今成了镇村之宝。此株古槐就是当年皇木厂繁荣与北京城建设的历史见证，具有重要文化价值。现今保存较好，古树枝繁叶茂，树枝拂地，树形罕见。

在建筑北京皇城的过程中，朱棣派遣了大批官员前往云南、贵州、四川、湖南、湖北、江西等省，采伐珍贵木材，沿大运河运至张家湾码头存

图4-24　皇木厂村（作者提供）

图4-25　皇木厂村古槐（作者提供）

图4-26 运河出土的皇木（作者提供）

  2005年挖掘出土，其中最大的一根格木长10.85米，重3吨有余，截面为方形，边长均为60厘米，与金丝楠木同等质量，长成此种规模需要上千年。此木在河底埋藏了400多年，质地坚硬，为当时修建故宫的皇木。

  储，建皇木厂保护，根据皇城建设工地需要，自此调运。嘉靖八年（1529年）以后，朝廷又在通州城北今永顺镇新建村另设了一座皇木厂，直至清嘉庆十三年（1534年）运河改道后，此厂方才废止。通州地区先后出土10根皇木，如通州城运河西岸出土明代格木；通州城运河东岸出土明代两根硬合欢皇木，还有铁梨木、杉木、楠木等，均有着非同寻常的历史价值。因此可以推断通州运河底部还应有许多明代皇木尚未被发掘。（图4-26）

  皇木厂遗址在旧村址西北部，现为某印刷厂占地。明代自南方各省采办的珍贵木材，自大运河运至张家湾，于此上岸储放，建厂保护，以备调运。新中国成立初期此厂遗址上尚留一根镇厂木，直径近1.8米，两大人立在该木两侧，互不能见，1958年被用作燃料烧掉。当年管理木厂的官吏在

图4-27　皇木厂村运河故道（孙一泓摄）

木厂四周栽种有一些国槐，而今只剩厂东南角外一棵，已有600年，直径1.7米，四巨干成伞状斜指青天，铁干铜枝，簇簇滴翠，是明清北京皇家建筑之历史见证。近年在木厂遗址西侧建楼施工中，发现宽近20米的蒜瓣土层，乃是运木车马碾压所成，亦为"京张大道"之见证。又在古槐西侧施工中发现窖藏元代稀有金属冶炼小坩埚，有3000余枚，同时出土的还有宋代几件陶罐、元代缸胎黑釉鸡腿瓶等。

如今，皇木厂村南北水塘以及附近张家湾镇村东口外河道、里二泗北小盐沟都是自元代至清嘉庆十三年（1808年）以前的大运河故道。（图4-27）

明初，国都设在南京，燕王朱棣即位后迁都北京，并下令按南京皇城建制建设北京。营建工程中，有一种石料——花斑石来自山东省。据史料载，嘉靖帝陵寝地宫全由此石砌筑。在故宫建筑群中也有用此石做台基的。花斑石今被称作竹叶状石灰岩。花斑石沿大运河运到此处并加工备用。1998年，皇木厂村在旧村改造中，于村南原花斑石厂处出土四十余块山东所产嘉石，最大者长4米、宽1.5米，厚1.2米，重15吨，赤线花斑，甚为美观。该遗址处尚有许多花斑石埋藏在原处。这是运河文化的产物，也是建设北京的见证。（图4-28）

图4-28　花斑石厂出土的花斑石（作者提供）

明清时期，北京地区食用盐来自天津长芦盐场，所用食盐自北运河运至张家湾，然后批发到北京各地。张家湾下盐厂一直是京杭大运河北端的盐码头。上盐厂遗址在皇木厂村东北部，下盐厂遗址在该村西南部。1998年皇木厂村在旧村改造过程中，在原下盐厂处出土三件石权（图4-29），最大者重数百斤。上面还分别刻有"德隆号""昌延店"等字号与"张家湾"等字样。同时在此处挖瓷片时，还发现盐厂码头上下船时的跳板，出土跳板木桩与跳板以及

图4-29　张家湾盐场出土的石权（作者提供）

图4-30 紫檀博物馆（作者提供）

元、明（前中期）多窑口瓷片无数。

神木厂位于朝阳区广渠门外通惠河二闸的南面，现在的地名叫黄木庄，为明代永乐年间贮存筑宫殿木材及加工的场所。据《日下旧闻考》记载，神木厂有神木，高可隐一人一骑，为明初构建宫殿遗材。清代，乾隆皇帝建碑立亭，刻《神木谣》于碑上。"文革"时期碑、亭均遭毁坏。"神木"被锯成板材，后被加工成了办公家具，现收藏于朝阳区文物管理局，实在令人惋惜。

时代变迁，如今现代化的交通线路轻轨八通线、京通快速路伴随通惠河并延伸，形成京东物流大通道。通惠河岸边纤夫的身影已成历史画面，只有紫檀博物馆（图4-30）、高碑店古典家具街与通惠河结缘，映射着漕运的印迹，传递着历史的信息。

应运而生
北京运河文化

5

民间情愫
——运河的美丽传说

民间故事源于生活，是历史的记忆。它传播着当地的风俗民情和价值观念，是文化的积淀，是心灵的创造。故事中历史的沧桑、人物的风采、轶事的传奇、祭祀的神秘……遥远而亲近，表达先人的质朴情感，满足后人追寻历史、品味快乐的美好愿望。故事并未走远，还流淌在历史文化的长河中。

高亮赶水

著名的北京琴书大师关学曾老先生有一段著名的传统段子名叫《高亮赶水》，后来还被相声界郭德纲先生改编成了一段相声，内容演绎的就是明朝建设北京城的传说故事。

话说在明朝修建北京城时，有龙公来作怪，要把北京的水收回去。于是他令全家人扮成卖菜的小贩混进京城，龙子负责把甜水吸干，龙女负责把苦水吸干，然后分别装进水篓里放到车上，由龙公推着出了西直

图5-1（上两图）　漫画《高亮赶水》选自连环画《大运河传奇》之《降龙伏海》，周信用、刘雪强绘（作者提供）

门。当时的开国将领刘伯温知道后急坏了，城里没水哪能行呢？这时候站出来一位叫高亮的修城青年工匠，自告奋勇要前去追赶。只见他手持红缨枪，一路飞奔追到了玉泉山下才赶上水车。勇敢的高亮拿枪奋力一刺，可惜刺中了苦水篓子。苦水哗哗流淌下来，而甜水篓子却早已钻进了玉泉山。无奈的高亮只得沿原路返回，却被龙公发来的大水给吞没了。由此，北京城的地下水成了苦水，只有玉泉山才有甜水。（图5-1）后来，人们在高亮被淹没的地方修了一座桥，叫高亮桥，以此来纪念他。流传到后来就叫成高梁桥了，桥下的河便叫高梁河。虽说是传说故事，却也带着历史的影子，映射着北京的水源问

图5-2　高粱桥（孙一泓摄）

图5-3　古高粱桥及高粱河旧景（作者提供）
当时清澈的河水，人们可用来清洗衣物。

题。

　　在北京城的历史发展过程中，不能不说到这条最早被开发的河道——高粱河。它斜穿于北京城的心脏地带，连接起古永定河与北运河、温榆河，成为漕运水源的必经之地。（图5-2）（图5-3）

　　公元250年，当时北京的地方长官刘靖为军队屯粮需要，"登梁山

111

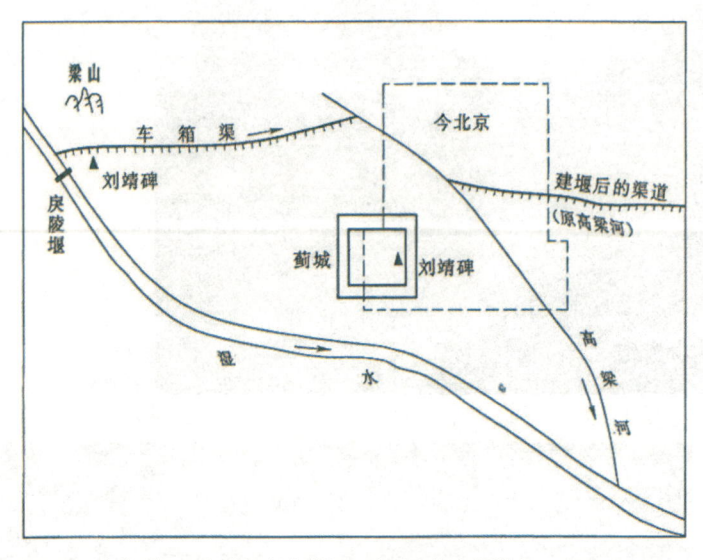

图5-4 古水利工程戾陵堰与车箱渠示意图（作者提供）

以观源流，相漯水以度形势"。他命令兵士们在今石景山附近修建了戾陵堰以抬高水位，同时在左岸山岩中开凿水渠，因岩石峭壁形似矩形车箱而叫车箱渠，用以引导水源，灌溉粮田。车箱渠的引水路线大体从今天石景山附近的老山、八宝山斜向东北与高梁河相接。这一工程在运行十二年后被下一任地方长官樊晨又加以扩建。据《水经注》记："水流乘车箱渠，自蓟（今北京城）西北迳昌平，东尽渔阳潞县，凡所润含，四五百里，所灌田万有余顷。"工程大体包括了高梁河以东至坝河一线而形成的水系，因而成了北京历史上著名的水利工程，并在后来的朝代中被不断加以整修利用，发挥着灌溉效益几百年。直至唐末五代，由于战乱，农业废弛而止。（图5-4）

金元时期，北京成为全国的首都，高梁河在接济漕运和宫苑用水方面发挥了重要作用。值得重视的是金中都以后，朝廷利用高梁河宽阔的水域建造了多处优美的皇家宫苑，这里成为后来元世祖忽必烈建造大都

城的中心，对于北京城后来的发展也具有重大影响，如形成了今天的北海公园、团城湖等经典景致。（图5-5）

元代郭守敬为解决大都城的粮食运输问题，扩大运河水源，从白浮泉引水，纳诸泉水汇入瓮山泊（今昆明湖），至东南接入高梁河入积水潭再东至通州以南入北运河。（图5-6）直至明清时期高梁河仍是漕运水源的行水河道。高梁河在不同的历史时期有着不同的名字。辽代称"高梁河"，金代称

图5-5　北海公园（汇图网提供）

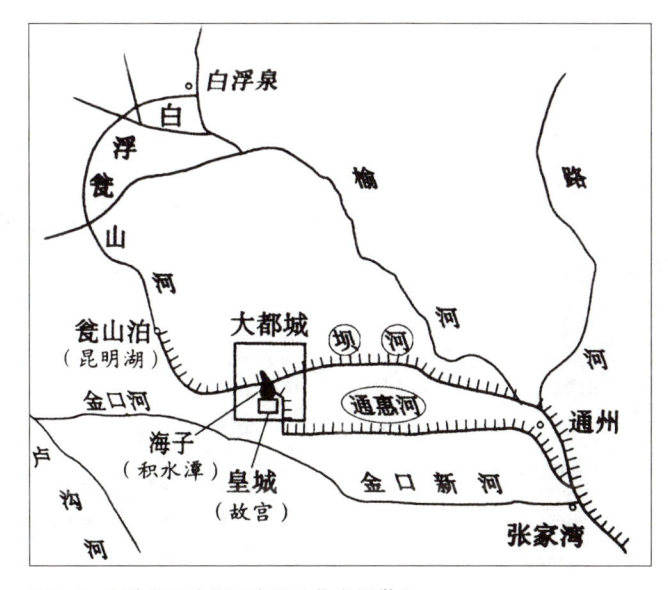

图5-6　元代运河水道示意图（作者提供）

"皂河"，元代称"金水河"，明代称"玉河"，清代始称"长河"。

新中国成立后，政府大力疏挖城市河湖，修整水系，高梁河

图5-7 五塔寺（孙一泓摄）

（即长河）成为向城市河湖供水的水道，将京密引水涓涓清流输送至各大公园湖泊。沿岸久负盛名的五塔寺（图5-7）、万寿寺，素有京杭大运河第一闸之称的广源闸，紫竹院（图5-8）、动物园以及北京展览馆、天文馆等各具特色的大型文化建筑群，依河而展示多彩的北京历史画卷。

图5-8 夏日紫竹院（作者提供）

郭守敬修闸

传说郭守敬在开辟运粮河时，由于任务艰巨曾带人对大都城周边地形、水文进行详细踏勘，制订了切实可行的计划并得到了元世祖忽必烈的大力支持，元世祖调拨银两，授郭守敬以实权让其实施开凿通惠河工作。郭守敬可谓重任在肩，压力山大，因而也耗费了大量心血。他带领地方官员、水利工程师沿途勘测绘图，征调沿岸地方挖河民夫、工匠等，同时拟定建成后的河道管理措施。利用金朝时的旧闸河，并在其基础上调整行水路线。实施中遇到了一个难题，由于北京地势西高东低，老话儿有"齐化门（朝阳门）的门墩儿和通州塔的塔尖儿一般高"的说法，海拔相差50多米。如何解决逆水行舟的问题一直困扰着郭守敬。

运粮河开挖了，民工们喊着劳动号子挖土、推车、夯地，场面壮观。郭守敬每日频繁往返于大都城与通州之间，早出晚归，废寝忘食地督察现场。一天天刚亮，郭守敬带着一行人马从京城一路向东视察。历时半年多施工的通惠河已经河底平整，初具规模，河工劳动的场面和一路风光尽收眼底，他深感欣慰。

到了中午他来到郊亭（今高碑店附近）用餐小憩。已是62岁高龄的郭守敬由于一路劳顿，不知不觉间进入了梦乡。朦胧中只见一个白胡子老翁推着木车走来。郭守敬觉得这位长者似曾相识。只见他停下车，支上油锅，点燃木炭，吆喝起来："炸炸糕喽！炸炸糕喽！"往日工地的餐饭都是地方官员雇人送来的窝头、贴饼子、咸菜和菜汤，给官员们送的是烧饼夹肉，今天怎么会出来位卖炸糕的？"炸炸糕"的叫卖声不绝于耳，听在郭守敬的耳中却变成了"闸闸高"！这时，一声"郭大人辛苦，请用饭"的话语使他从梦中惊醒。睁眼一看，白胡子老翁已经不见了。而"炸炸糕，闸闸高"的话语依然萦绕耳边。郭守敬恍然大悟，忙带领众人举酒敬拜，说道："吾守敬，字若思，受于皇命，为京城黎民百姓修此河道，还惊动神驾，承蒙指点，待漕河连通，定烧香供奉，不负神旨皇命，为我大元朝鞠躬尽瘁，死而后已！"

之后，郭守敬马上安排各处修桥筑闸。藉东闸（庆丰闸）、郊亭闸、花园闸、杨尹闸（普济闸）、通州闸等沿河各处桥闸同时开工。各处闸修成后，西水东流，落闸蓄水，提闸放水，通过一座座闸门的水位调节消除一段段的落差，漕船阶梯式平稳前行。自此通惠河漕运河道成功通行。

其中的庆丰闸又叫二闸，是通惠河上最有名气的一闸。庆丰闸不仅是我国元代时重要的水利建筑，而且在古时，这里和什刹海、陶然亭、万柳堂（龙潭湖南）、玉渊潭（钓鱼台）、长河等处一样，都是平民百姓踏青游玩的地方，也是文人墨客聚会之所。因通惠河两岸风景秀丽，特别是庆丰闸一带，芦苇白萍，鱼笛晚舟，不仅有飞泉石坝，震耳奔涛，而且两岸还有荒祠古墓，台亭园囿。京杭船只多停于此。所以通惠河自古就有"北方秦淮"之称。因在古时很多皇家园林坛庙，像北海、景山、社稷坛、太庙等，百姓是不能进入的，所以百姓们去东郊游览踏青都到庆丰闸。庆丰闸北叫二闸村，闸南叫庆丰闸村。庆丰闸两岸十分

图5-9 庆丰闸遗址旧照（作者提供）

繁华热闹，除了酒楼、饭馆、茶肆外，还有各种民间的文艺演出，如扭秧歌的，舞狮子的，放河灯的，唱大鼓的，唱莲花落的，说评书的，唱二黄、时调的，还多有女演员。游人也可到闸北的龙王庙进香。庆丰闸著名的酒楼有闸南的望东楼和闸北的望海楼。在《清代北京竹枝词》中有句："最是望东楼上好，桅樯烟雨似江南。"（图5-9）

值得一提的是，我国清代伟大的文学家曹雪芹和好友敦敏、敦诚等经常到庆丰闸南的望东楼饮酒赋诗。曹雪芹和敦敏、敦诚为什么常来庆丰闸呢？因在京东通州的张家湾西有曹家的典地六百亩，有曹家的祖坟，张家湾的村里有曹家的店铺。而在庆丰闸东边通惠河南岸有水南庄，这里有敦敏家族的祖坟，敦敏、敦诚的母亲就埋葬在这里。所以曹雪芹和敦敏、敦诚去通州或水南庄时要经过这里，而庆丰闸"为游人荟萃之地"，所以他们经常来这里泛舟、饮酒、赋诗、题壁且多有关于通惠河和庆丰闸的诗作。

曹雪芹的好友敦敏在曹雪芹过世后，在庆丰闸的望东楼与朋友集饮时，写下了名篇《河干集饮题壁兼吊雪芹》。诗云："花明两岸柳霏微，到眼风光春欲归。逝水不留诗客杳，登楼空忆酒徒非。河干万木飘残雪，村落千家带远晖。凭吊无端频怅望，寒林萧寺暮鸦飞。"敦敏的这首诗被红学家们简称为《二闸题诗》。雪芹已故，敦敏和朋友集饮时触景生情，怀念老友，赋诗吊雪芹。

然而，庆丰闸的这种兴盛持续时间并不长，以后的一段时间正是中华民族蒙受耻辱的岁月，庆丰闸一带的自然环境也未免遭厄运，再加上京城皇家花园对公众开放后，游庆丰闸的人日趋见少，庆丰闸日渐荒凉败落。

1998年，政府修复庆丰闸遗址，修建汉白玉雕刻拱桥一座，长38米，宽4.4米，高7.8米。拱形结构，栏杆、板柱均采用元代建筑模式。（图5-10）桥西南北两岸坡上安置重5吨的元代镇水兽、石刻青龙和泗马吉祥物。闸区北

图5-10 1998年修建的庆丰桥（作者提供）

图5-11 1998年修建的庆丰闸北岸仿元代屋脊样式的艺术壁画（孙一泓摄）

岸修建仿元代屋脊样式的艺术壁画（图5-11），壁画由三部分组成，一为7米长的"庆丰闸遗址"题字；一为二闸修建清代古装画；一为7米长的墨玉石刻板，上面铭刻了自1293年郭守敬主持兴建通惠河以来，明清时期修建庆丰闸的历史。

1998年修复庆丰闸遗址，采用元代建筑模式。在遗址旁，还有一座仿元的庆丰闸遗址碑，碑身文字记载了通惠河整治工程、庆丰闸遗址保护工程建成的全部历史，见证着时代的变迁。

美丽的传说故事蕴含着先人们的聪明智慧，通惠河水闸的设置是郭守敬的一个创造性贡献，如此的"闸闸高"原理依然应用于如今的河道船闸运行设置中，技艺经久流传。（图5-12）

图5-12　"闸闸高"——元代通惠河驳船原理示意图。今天长江三峡船闸依然应用此原理（陈胤宏绘）

鲁班凿石

北京郊区历史上有三座著名的古桥，一是永定河卢沟桥，建于金代；二是昌平沙河镇的朝宗桥，建于明万历年间；三就是通惠河上的八里桥，原名永通桥。其中这座八里桥因居漕运要道与通惠河相关而名垂青史。

八里桥因位于通州城西整整八里的朝阳区境内，人们习惯称它八里桥。这座桥处于明清漕粮水路运输与陆路（京通石板道）进京路线交汇点，可谓桥上、桥下每日运输的都是皇粮，所以是极为重要的交通枢纽。八里桥建于明正统十一年（1446年），南北走向，全长30米，宽16米。桥有三孔，呈拱形，中孔大，侧孔小。桥体用材多为花岗石和叶青石，桥两侧的33块护栏雕饰，刀法流畅、苍劲有力，十分精美。两侧33对望月柱上雕筑的石狮威武昂首，姿态各异。桥头栏端雕着石兽，守卫桥头。正中桥孔东西两面四只石雕镇水兽伏踞岸边，怒视湍流，形象逼真。经明、清、中华民国时期屡次修葺，特别是20世纪80年代的大规模修筑，永通古桥又恢复了昔日的雄姿，召回了"长桥映月"的美景。

八里桥不仅造型美观，巧夺天工，更重要的是它具有重要的实用价值。

明清两代，这里是京东的门户，在历史上起过重要作用。那时候，京城每年所需粮食多达600万石，所需的砖、木等建筑材料不计其数，而这一切都是经八里桥运进京城。往来南北的众多

图5-13 八里桥旧景（作者提供）

官员、商贾、游客和外国使节，也都经此桥入京。由此我们可以想象，当年这里是何等的繁盛和重要。新中国成立后实测桥的3个孔跨度分别为6.1米、6.5米、6.1米，桥面为长38.5米，宽14.2米。中间一孔桥洞因通船需要较高，故有"八里长桥不落桅"之说。（图5-13）

　　八里桥有名还因为在这里方圆几十里流传着一个美好的传说。建桥初期，有一位老太太到这里摆摊卖茶水，为建桥人做点事儿。一天，突然来了位衣衫褴褛的老翁，只见他手拿钢钎锤来到摊前，不由分说，连喝两碗茶水，嘴一抹说："老太太，我没有钱啊。"老太太连忙说："你们离家舍业，来到这里建桥，喝两碗水算什么，不妨事，不妨事。"老翁笑笑说："我向来不白喝白拿，这样吧，我没什么送你，这里只有石头，给你凿一块，兴许今后有用。"老翁不由分说就凿了起来，只见老翁非常熟练地将一块大石头凿成方块状，拍了拍手就飘然而去。老太太对老翁的话半信半疑，也没有多想，就让人把这块石头抬了回去。四个月过去了，老太太仍天天去造桥工地卖水。

　　有一天，她忽然看见监工无端地揍打造桥石匠，就走上前去求情，虽然遭到监工的白眼，但她还是弄清了事情的原委。原来，大桥眼看就

要建成了，中间正好缺一块方石，石匠们凿了一块又一块，就是不合适。这时候皇上下了死令，必须在限期内建好，否则就要杀尽建桥的石匠。老太太听完后，虽然生气，但她猛然想起了家中的那块方石，就让石匠们从家中取了过来，安到了缺处。真是奇迹，这块方石放上后，不宽不窄，不长不短，严丝合缝。消息传开后，众人无不称奇。老太太这才想起了那位老翁，石匠们也恍然大悟："此乃鲁班师傅来教化我们也。"每当漕船穿过桥洞时，船夫都要用船篙捅一捅桥上的这块儿"鲁班石"，石块儿发出咯噔之响，像是祝福过往的船工一路平安。

八里桥之所以青史留名，还因为1860年9月英法联军从天津沿运河进犯北京，这里曾书写过中国人民可歌可泣、保家卫国的光辉一页。当时战斗在这里的中国人民不畏强暴，以死相拼，全部战死在这座古桥上。

图5-14 版画《八里桥之战》（作者提供）

木刻版画，刊于1860年12月22日《伦敦新闻画报》。清咸丰十年（1860年）九月二十一日，僧格林沁率蒙古骑兵及万名步兵与英法联军在此激战，以失败告终，始称八里桥之战。次日，咸丰皇帝率众及后妃皇子从圆明园逃往热河避难。随军摄影师费利斯·比托在这场战役之后拍下了一张珍贵的照片《永通桥》，此版画是画师根据此照片加以想象绘制的。

(图5-14)当时腐败无能的政府与英勇的人民形成强烈的对比。"落后了就要挨打",八里桥体会最深。如今,八里桥已被列为京杭大运河世界文化遗产保护点,也是进行爱国主义教育的重要场所。

与八里桥一同被列为大运河世界文化遗产点的,还有距其东200米京通快速路北侧的石道碑(全称为《雍正御制通州石道碑》)(图5-15)。此碑是清世宗御笔,是为了纪念雍正七年(1729年)开始修筑的北京朝阳门至通州的花岗岩条石道路而制。其长18.6千米,宽6.6米,两侧土路各宽5米。碑文为:自朝阳门至通州四十里,为国东门孔道,凡正供输将、匪颁诏糈,由通州达京师者,悉遵是路……朕心轸念,爰命有司,相度鸠工,起洼为高,建修石路,计长五千五百八十八丈有奇,宽二丈;两旁修土道各宽一丈五尺,长亦如之。其由通州新城、旧城至各仓门及东西沿河两道,亦皆建修石路,共计长一千五十余丈,广一丈二尺及一丈五尺不等。费帑金三十四万三千四百八十四两有奇。经始于雍正七年八月,至雍正八年五月告竣。

图5-15 雍正御制通州石道碑(作者提供)

"石道为白粮进仓运京所必由与夫商贾行旅所共适",御道当时甚为可观,沿途并修有行宫。可见八里桥位居京东水、陆关卡,实属战略要地。(图5-16)(图5-17)

图5-16 古八里桥及桥下通惠河——19世纪末的永通桥（八里桥）（作者提供）

图5-17 今日静默的八里桥（孙一泓摄）

附诗：

长桥映月

[清] 戴璇

（古通州八景之一）

坐听桥头水逝去，渐看皓月初银河。

十分夜色侵江面，一派涛声入耳窝。

舟子熟眠围绿柳，石猊环立长青萝。

烟波遥望三千里，信是长空月影和。

宝塔镇河妖

　　古代沿河岸边常建有塔，寓意"宝塔镇河妖"，以降服水怪，祈福平安吉祥。相传很久以前在通州运河一带，潞河中曾有一河妖，常出来作怪坑害百姓。传说河妖体大如耕牛，头似鲇鱼，背似乌龟，脚似马蹄，尾似长鞭，真乃十足的怪兽。每年中秋节，它为了贮备过冬的食品，便化作人形，来到人间，蛊惑百姓向潞河里投粮进贡，不然的话，就让百姓遭殃。官府和大户人家害怕，便动员百姓，户户纳粮，然后在10天之内，把成包成包的玉米、谷子、高粱、大豆扔进潞河。

　　有一年，时逢闹蝗灾，百姓们连饭都吃不上，即使官府再逼，也是无粮贡河，结果惹怒了河妖。在中秋节后的第十个夜里，河妖拱决了几处河堤，河水奔腾咆哮而出，淹没了土地，冲毁了房屋，百姓死伤无数，惨不忍睹。

　　此事很快被渤海龙王知晓，龙王虽愤愤不平，但他的法力敌不过河妖，便上天禀告玉皇大帝。玉帝听后勃然大怒，立即派托塔天王李靖下界捉拿妖怪。天上一日，地上一年。托塔天王来到通州，已是第二年的中秋节了。此时河妖又在通州宣扬贡河之事，托塔天王化作一名道士，

图5-18　古塔凌云，1860年，费利斯·比托摄（作者提供）

劝说河妖不要再迫害百姓，河妖丝毫不听，并恶语相加。天王一怒之下变回原形，怒斥河妖："不知死的东西，我是奉玉帝之命，前来捉你的！"河妖也显原形，狰狞一笑，叫着天王的名字："李靖，就凭我的身躯，你又能奈我何？"天王一看，确实有些难办。但见河妖要溜，天王一狠心，忍痛把自己手中的十三层宝塔扔了出去，压住了河妖。河妖再也动弹不得了。自此，百姓不再遭受河妖的侵扰，将此塔看作降妖的宝塔、吉祥的象征。

传说中的宝塔就是如今依然矗立在京杭大运河北端西畔的燃灯佛舍利塔，通州人亲切地把它称作"通州塔"，是通州城吉祥的象征，代代相传的标志。明代通州八景之一"古塔凌云"所描绘的景致即是此塔。

古时燃灯塔因地处高地，加上56米的塔高，与周边落差达百余米，早春暮秋时节，逢晴天丽日，在漕舟商船上放眼北望，城墙高耸，宝塔凌云入天，如悬半空，特别壮观。民谣有云："先有通州塔，后有通州城。"漕运时期，船过沙古堆村时，有"三望通州塔"之说。（图5-18）

人们口口相传的当属燃灯古塔的"七绝"：一是风铃多，二是神像多，三为铜镜大，四是诗碑位置高，五乃塔心柱长，六是塔顶生榆树，七为塔影垂映运河。这座古塔为砖木结构，密檐实心，八角形十三层。塔身略有收分，是须弥座，双束腰。每根椽柱末端都悬挂一枚精致铜铃，各角仔梁悬挂两枚风钟，共计2248枚，乃世界之最。每枚铜铃的外壁都刻着捐献者姓名、籍贯，以及祈语、诗谣等。在每个角梁下壁处各有一尊砖雕力士神像，共104尊，有披铠甲执剑者，也有袈裟合掌者，有慈眉善目者，也有凶神恶煞者，形态各异，惟妙惟肖。最令人捧腹的当属那尊猪八戒像，肥耳阔嘴，憨态可掬。更令人称奇的是塔身十三层西北瓦面生有一株榆树，树干直径17厘米，高3.7米，树龄200余年，乃一奇观。燃灯塔距离潞河数百米，古塔的倩影垂映在大运河上，云飞水流，绿树环拥，美不胜收，是古代文人墨客来到通州吟诗舞墨的场所，留下美好传说无数。乾隆曾谓之"郡城塔景落波尖"。多少年来，燃灯塔一直是三千里运河第一座塔，也是通州城的象征。（图5-19）

在古塔第十三层的灶门砖上刻有"巍巍古塔镇潞陵，层层高耸接青云。明明光影河中现，朗朗铃音空里鸣。时赖周唐人建立，大清复整又重新。永保封疆千载古，万姓沾恩享太平"等诗句，以此可认定古塔始建于北周。曾在唐代贞观七年（633年）复建，辽代重熙年间重建。元、明、清都曾进行过维修。康熙十八年（1679年），京师大地震，燃灯佛舍利塔倾圮，只剩塔座，后又重建完成。1976年唐山大地震，此塔虽受到波及，但没有倒塌，于

图5-19　巍巍燃灯塔（孙一泓摄）

图5-20　运河之魂（作者提供）

1985年9月重修。添设了避雷针，重修了塔顶莲花座及各层塔檐，补铸铜铃，按原色油饰，再现了燃灯塔的原貌。考虑到塔的稳固性，"塔榆"被移植到塔下公园葫芦湖畔，其后仍然枝繁叶茂，甚为壮观，被通州人视为精神的象征。

关于燃灯塔有很多很多的传说，《通州志》载，此塔天宫中确实藏有数十粒小米般大、橙红晶莹之舍利与一颗佛牙。但是燃灯塔舍利子放在了哪一层，一直是个未解之谜。据传，清康熙十八年（1679年）通州大地震致燃灯塔塔身倒塌之时，很多人都看到塔里藏着的十几颗舍利子和一颗佛牙。后来重建时，舍利子和佛牙又被重新放置于塔身的天宫

图5-21　远眺燃灯佛塔巍然耸立（作者提供）

内,但天宫到底在塔的哪一层却没有记载,里面到底有没有舍利子和佛牙也无人知晓。（图5-20）

20世纪90年代末,北运河通州城区段改造,将塔下滩地填埋筑路,遂使燃灯塔远离了运河。"塔影垂映运河"已不再呈现,但驻足运河岸边眺望,尚可见巍然宝塔依然矗立。（图5-21）

"云光水色潞河秋,满径槐花感旧游。无恙蒲帆新雨后,一枝塔影认通州。"清代诗人王维珍的这首《古塔凌云》,描绘出了古老通州及运河人无限祥和的意境和心境。古时,燃灯塔是通州城吉祥的象征,是当仁不让的地标。在1400多年后的今天,环绕着燃灯塔的是现代化国际新城中的运河核心区，通惠河水从塔下潺潺流过，"运河水乡"建筑群依佛塔而宁静安然，燃灯塔依然是北京城市副中心的不二地标。

燃灯塔下与其相映相融的还有一处著名的佛教圣院"三教庙"，是一处儒、释、道三家庙宇宫观同居并存、和睦相处的人文建筑，且与官署相伴。三教庙主体为三座庙宇，包括儒教的文庙（亦称学宫）、佛教的佑胜教寺（俗称塔庵）及道教的紫清宫（俗称红孩儿庙）。（图5-22）

图5-22 燃灯塔与三教庙相应相融（作者提供）

由于三教庙邻近燃灯佛舍利塔，因而形成了"三庙一塔"的古建筑群。三教庙以文庙居正前位，佑胜教寺与紫清宫处在文庙后面两翼，规模都比文庙小，整体布局呈等边三角形，与衙署紧临，突出了儒家地位。

文庙是通州县学所在地，创建于元大德二年（1298年），为目前北京地区最古老的孔庙，也是仅存的州县级孔庙。（图5-23）佑胜教寺供奉的是燃灯佛，燃灯佛又称"定光佛"，属过去佛之一。紫清宫供奉的是太上老君，相传其原型为老子。紫清宫始建于明代中期，清光绪年间曾进行过大规模复建。据说，燃灯塔管镇河，紫清宫负责抗旱。每逢旱年，

图5-23 文庙（亦称学宫），北京地区最古老的孔庙（作者提供）

运河运载能力下降，人们便来紫清宫求雨。有趣的是，求雨的对象不是太上老君，而是宫中壁画里的哪吒，因为传说中哪吒可以请来龙王，因此紫清宫在民间俗称"红孩儿庙"。

历经千百年的风雨，三座庙宇落满了历史的瘢痕，凝聚着沧桑的风韵。三教庙相互映衬，自然和谐，成为通州独有的人文景观，也映射着大运河文化的开放与包容。

应运而生

北京运河文化

6

盛景新颜
——运河与新北京

"爷爷拉过的纤绳，引来长安街的灯火；爸爸撒过的渔网，铺开京东路的网络。奶奶坐过的花轿船，停在记忆的渡口；妈妈栽过的荷花呦，仍飘香在今日的生活。如云的漕运船，在水墨丹青中闪过；穿梭的元明清客，在说弹唱中活着。捞一支沉船都是那活生生的故事，捡一块瓷片都是中华文明的诉说。"一曲《我的大运河》唱出今日运河人的感怀。如今北京城市副中心建设、京津冀协同发展的船帆已扬起，生态运河、绿色运河、文化运河的号子已经响起，"开船喽！"（图6-1）

"二水汇流"衍生"五河交汇"

　　"二水汇流"景观位于今通州北关闸桥北，古通州八景之一，指潮白河和温榆河相汇于北运河的场景，北运河的北端就是由此开始的。

　　如果仅仅是两条河流在此相汇，这应该是很平常的事儿。为什么把

图6-1 《我的大运河》背景图——鸟瞰大运河（作者提供）

此景观列为"通州八景"之一呢？根据《康熙通州志》记载，在"二水汇流"处形成了天然的沙嘴，形如刀削，十分壮观。只可惜，随着岁月无情的冲刷，天造沙嘴早已磨蚀成弧形半岛了。清代通州知州王维珍有"二水光拖匹练秋，白河涛逐富河浮。万马声来燕北地，两龙飞下海东流"的诗句来描绘此景，这里的"二水"被称为白河和富河。还有一种说法是潮白河和温榆河。其实两种说法都对，只不过是同一条河流在不同时期的不同称谓而已。（图6-2）

古人因温榆河为无数泉水汇流而成，谓之"百泉水"，又称"温余水"。它的名称最早见于《汉书·地理志》，当时名为温余水，简称温水。因为该河水温热，寒冬不冻，故得名。直至辽代，始改今名，又称榆河，俗称富河。

温榆河源头主要出于西山诸泉，其次出自北山诸泉。源出西山诸泉

图6-2 "二水汇流"今景——"二水汇流"经历时光消磨后形成如今的温榆河与小中河交汇（作者提供）

之水，一支汇流成北沙河，又称双塔河；一支汇流于北沙河南面，称南沙河。源出北山诸泉之水，汇流而称东沙河。三条沙河至沙河镇东南三岔口合流，始称温榆河。（图6-3）

温榆河自西北向东南经昌平流入顺义至通州交界处，与潮白河交汇，入通州境，从而形成"二水汇流"景观。自此以上河道被统称为温榆河，以下河道因为汉代所设"路县"，遂被称为潞河。明清时期，潞河变成京杭大运河北端的一段河道，所以又名北运河。

温榆河作为北运河的上游水源，在历史上地位重要。也曾作为漕运河道，不仅运输军饷，还要供应北京的粮食。明永乐七年（1409年），明成祖朱棣在昌平修建陵寝，需运送大批建筑材料和军粮。在居庸关建立了边关粮仓。漕粮由通州沿温榆河上溯到沙河巩华城。在巩华城设奠靖仓收纳，再转交驻军或居庸关军仓。明《长安客话》中有"沙河东注

图6-3 温榆河景色（作者提供）

与潞河合。每雨集水泛，商船往往从潞河直抵安济桥下贸易，土人便之"的记载。说明在雨季，商船也可沿温榆河直驶安济桥下。

清代，自康熙皇帝起，为了避暑而在北京城的西郊陆续修建皇家园林，形成后来的"三山五园"（香山、万寿山、玉泉山；静宜园、清漪园、静明园、圆明园、畅春园），成为清代皇帝重要的办公活动场所。雍正即位后扩建圆明园，为护卫圆明园的安全，设圆明园八旗护军，驻扎在圆明园周围。乾隆十年（1745年）建香山健锐营八旗，三十六年（1771年）又建蓝靛厂外火器营八旗，是为满洲京旗外三营。为了供应军粮，清政府在圆明园附近设置了两座仓储，一个是本裕仓，另一个是丰益仓。本裕仓建于康熙四十六年（1707年），设仓库三十仓廒（150间）。丰益仓又名安河仓，建于雍正七年（1729年），其遗址在今中共中央党校北院的西部。丰益仓存储粮米除了供应圆明园和京旗外三营外，还供应圆明园和万寿山建设工程匠役人夫所需粮米。为了运米至本裕仓和丰益仓，清廷利用会清河运输漕粮。《畿辅安澜志》记载，康熙四十六年（1707年），"开会清河，起水磨闸，历沙子营至通州石坝上止。中建七闸，闸夫一百二十名，运通州米由通流河至本裕仓"。清廷开会清河漕运，自水磨闸起历沙子营，经温榆河至通州石坝，漕船自通州石坝装载粮米起运，溯温榆河而上，至清河口转沙子营，再溯清河而上，至清河镇本裕仓收储。

"二水汇流"的另一条河流潮白河是由潮河和白河两条支流汇合而成，东支为潮河，西支为白河。清代通州学者刘锡信在《潞城考古录》中称："水经原文，沽水，鲍丘（邱）水列为二水，各有源流。"这里的沽水就是指白河，鲍丘（邱）水是指潮河，两条河有各自的源头和流经。

潮河发源于河北丰宁，经滦平县，自古北口入密云，古称大榆河、

图6-4　今日"五河交汇"水系图（梁普绘）

"五河交汇"实则"三水"汇流，"二水"分流，即温榆河、小中河、通惠河三水相会，北运河、运潮减河二水分流，中间以连通渠相沟通。

又称鲍丘（邱）水，因其"时作响如潮"而称潮河。白河发源于河北省赤城县北部山区，流经赤城，于白河堡进入延庆、怀柔、密云等地。

潮河和白河合流经历了变迁。东汉以前，潮河、白河各自入海，没有汇合。到北魏，潮河与白河在今通州城东北汇合，以后合流点不断北移。明嘉靖三十四年（1555年），为"引白壮潮，以利漕运"，经人工疏浚，二河汇流点北移至今密云河漕村。

如今，"二水汇流"景观随着历史的变迁早已不复存在，但随着河道治理及水利工程建设，在"二水汇流"之处已形成了"五河交汇"的新景观。（图6-4）2007年随着现代水务的创新型建设，北运河北关分洪枢纽改建工程实施。其中的北关拦河闸位于通惠河入北运河口下游处，水闸设计精巧，与石桥巧妙融合，远观是仿古石桥，近看水闸隐于桥下。桥西侧设有船闸一孔，可享通航便利，由此可遐想古时漕运之景。在拦河闸西北方是温榆河、东北方是小中河（古潮白河），西面是通惠河，东面是运潮减河，正下方是京杭大运河（北运河），同时打造了连通渠（连通至运潮减河），形成了如今"五河交汇"的水利盛景。此处水量充沛，形成了宽阔水域，绿荫环绕的源水岛、景观与水利设施相融的北关拦河闸仿古石拱桥、古朴的验粮楼（大光楼）交相辉映，与"五河"形成的水系编织成京杭大运河北起点的时代新景观，功能也由历史上的漕运咽喉要道发展为兼具防洪、供水、休闲观光及运河文化传承的综合体现，见证着新的历史时期运河源头河流水系的变迁与生机。

"漕运水道"变身"京城水上游"

北京城的水系可上溯到古代永定河水的多次改道，并在其故道上留下了湖泊和河流，其中较大的湖泊就形成了现在的什刹海、北海和中海。这片湖泊又因有上游山泉及高梁河水源的补充，而具有无限的生命力，成为北京城发展的重要因素。

自东汉永定河改道后，高梁河、什刹海周边水系稳定，居民聚落、地区经济及人文活动等逐渐发展起来。之后京城水系历经诸朝代修浚，绵延百里，造福于京城百姓。从金代始，为开发漕运，将高梁河、什刹海水源与闸河相连东注温榆河，京城水系自此便与大运河牵手，并因此而不断发展。

如今的京城水系基本上均属大运河上游的通惠河水系，其中的转河作为向北海、中南海、什刹海三海等城市湖泊河道供水的重要通道，在明清时期被称为长河，上接高梁河，西边为玉泉山的泉水，自西向东流入北护城河。转河起点位于动物园闸，终点为北护城河西端的松林闸。高梁河原来是向东与北护城河西端相连，1905年由于詹天佑修建京张铁路时，把西直门车站设在西直门外现在北京北站的位置，因此将原高梁桥以东的河道改道，使其向北折行了1000米，绕过西直门车站，再向南与北护城河西端相接，形成"几"字形，因而被称为转河。20世纪七八十年代北京修地铁时，对北护城河上段进行治理，给转河盖上了盖子，形成暗河，转河从此于地面上消失了。直到2002年，北京开展城市河湖治理，实施"三环碧水绕京城"项目。水务部门转变治河思路，提出"人水相亲，和谐自然，宜宽则宽，宜弯则弯"的新治河理念，在提高河道防洪、供水标准的同时，恢复历史上的转河，打通北环水系，实现"三环碧水绕京城"所设计的城市景观河道。转河的治理即是此项目的一部分。转河整治工程，包括疏挖河道，建船闸、跨河桥、码头，使转河重见天日等内容。（图6-5）

实施治理后的转河恢复了通航能力，过去的漕运水道变身为"京城水上游"通道。游人可以从德胜门乘船到达北京动物园和颐和园。全长3700米的水道，沿河修建了长河遗梦（即历史文化园，从北京展览馆后湖到高梁桥）、生态公园（从高梁桥到北京北站铁路桥）、叠石水景（从铁路桥

图6-5 转河景色（作者提供）

到文慧桥)、滨水游廊(从文慧桥到索家坟)、亲水家园(从索家坟到太平湖市场)、绿色航道(从太平湖市场到新街口北护城河)六大景区。

历史文化园围绕"长河遗梦"这一设计主题,利用现代水利技术,融入治水新理念,通过多种表现手法,着重展现此段河道的历史性、文化性,以实现让转河连接历史、通向未来的梦想。那么历史文化园就是梦的源头、梦开始的地方。新建历史文化园,河面水光潋滟,两岸树影婆娑,柳枝低垂摇曳,植物的清香沁人心脾,明清两代盛极一时的"长河观柳"民间聚会,在这里再次成为一种风俗、一种时尚。(图6-6)

在长河南岸修建了绮红堂作为登船游览皇城水系的一个码头。绮红堂的历史应追溯到清朝乾隆年间,乾隆皇帝为崇庆皇太后祝贺花甲正寿,其间,绮红堂不仅作为御用码头,更是自乾隆后历代皇帝来往皇宫与万寿山途中小憩、用膳、召见群臣处理国事之地。当年光绪皇帝就曾在此下榻,跪接慈禧太后。

修复的绮红堂码头背景墙上的浮雕,以"春水游幸图"为主题,展

图6-6 转河"历史文化园"(邓卓智摄)

现了昔日帝王出游的热闹场景。左、右两旁分别选用汉白玉材质，以"水系开凿图"和"泽润万民图"为主题，讲述北京水系的起源、开凿、修浚历史。三幅不同的画让人们了解了历史，感受了历史文化，从而实现宣传历史文化的目的。

改造后的转河，沿河共建造了13座不同类型的跨河桥。古老的高梁桥被完整地保留下来，并且已光荣退休，静静地安坐于长河上，感受着时代的变迁，不再肩负重担。高梁桥已经被新修的绕行单行路所替代。（图6-7）

北京转河的第二景区是"生态公园"，是从高梁桥到北京北站后向北拐，一直到跨河铁路桥。"生态公园"是以生态河流为主题的景观公园，按照"宜宽则宽，宜弯则弯"的原则，将河道两岸用大面积的乔

图6-7 高梁桥远景（邓卓智摄）

木、灌木和青草覆盖；边坡的陡缓和堤岸距离水边的宽窄随弯就坡。河水较深的地方为主河道，较浅的地方铺设卵石，种植水生和野生植物，既保证了通航，又扩大了水面。有了浅水湾，人们就可以更近地接触水面，亲近自然。河道内种植了千姿百态的野生植物，有荷花、芦苇、睡莲、菖蒲、地肤、慈姑、千屈菜等百余种适合北京地区生长的水生植物，它们或亭亭玉立，或盈盈起舞，在碧波荡漾的河道内尽情展示自己的妩媚，这些水生植物不仅美化了河道，而且还可以净化水质。随着野生植物群落的形成，许多野生动物和昆虫也得以栖居、繁衍，河道生态环境逐渐形成。

"叠石水景"是利用人造山石将叠石与水景相结合，以自由落水和压力水为主要手法，营造出墙景相融、欢歌瀑布、亲水台阶、碎石叠

图6-8　绿色廊道（张学胜摄）

图6-9　绿色航道（孙一泓摄）

瀑、水帘洞等景观。在河道两旁，多种山石与各种植物配合建造，被小石块切割的水流以数米的落差跌入水中，露出水面的堆石将落水击成无数水花，似石头开花。犹如江南水乡，构筑出一幅如画的青山秀水。

"滨水游廊"展现的是一个现代版本的水乡，包括文化游廊、卵石雕塑墙、下沉广场、亲水平台、绿地景观文化雕塑墙等。

"亲水家园"景区北岸设计有"历代龙韵"雕塑墙，展示中华民族龙的形象不断演化的过程，这在北京可能还是首创。"绿色航道"长1000多米，沿河两岸种植攀藤植物和水生植物，通过垂直绿化遮挡灰暗的混凝土岸墙，让绿色装点河道，用多变的灯光展现美丽的夜色。（图6-8）（图6-9）

荡舟于京城水系之中，忆历史长河，观今日水天一色，无限风光，美不胜收。

应运而生

"运粮河"换颜"生态走廊"

通州作为北京东大门，大运河的北起点，曾在历史上盛极一时。古时通州作为皇家码头和水路都会，全国乃至世界各地的物资汇聚于此，众多的漕粮、货物存储于通州。800多年来，作为漕运及仓储重地，通州素有"一京、二卫、三通州"之美誉。曾几何时，北运河上帆樯林

图6-10　古时通州运河盛景（作者提供）

立，场面壮观。清乾隆四十五年（1780年）朝鲜使臣朴趾源前来为乾隆皇帝祝70寿辰，登上运河码头，举目眺望，感慨之下发出"不见潞河之舟楫，则不识帝都之壮也""潞河舟楫之盛，可敌长城之雄"的千古名句。由此见证了这段不灭的漕运史。直至清末（1901年），南粮由火车运送至北京，漕运停止，运粮河也随历史湮灭。（图6-10）

新中国成立后，北京市政府对北运河进行了多次治理。北运河作为海河流域重要的排洪河道，关系着北京市及下游河北、天津的防洪安全。20世纪60年代经水利专家论证于"二水汇流"处修建了北关分洪枢纽工程（图6-11）（图6-12），北关拦

图6-11 北运河北关拦河闸（作者提供）

图6-12 北运河北关分洪闸（作者提供）

河闸横卧于大运河起点处，同时疏挖了运潮减河，沟通起北运河与潮白河间水系。在北运河下游梯级设闸，在凉水河入北运河口处下游建设了榆林庄拦河闸、在北运河出市界处修建了杨洼拦河闸，三座水闸分级拦蓄水量，在运河两岸农田引水灌溉、防洪排涝方面发挥了重要作用。

由于京城历史水系的格局，从前的漕运古道温榆河、坝河、通惠河、凉水河均汇入北运河，在北京市水资源日益紧缺的今天，北运河河道水量丰沛，成为防洪、排水、水资源利用、景观娱乐等多功能集于一体的河道。同时作为北京市的重要排水河道，北运河还肩负着京城80%的污水排放及90%的雨洪宣泄责任。

随着北京城市的发展，如今的北运河已成为连接京津冀的绿色生态纽带。2006年至2014年先后完成了运河第二代水闸的改造。新建北关分洪枢纽拦河闸和分洪闸、榆林庄闸、杨洼闸，提高了功能标准。同时按照生态河道建设理念调整了闸位，闸体闸型设计与周边城市建筑、文化景观相融，展现时代水文化特色。（图6-13）（图6-14）

图6-13　北运河榆林庄闸航拍图（作者提供）

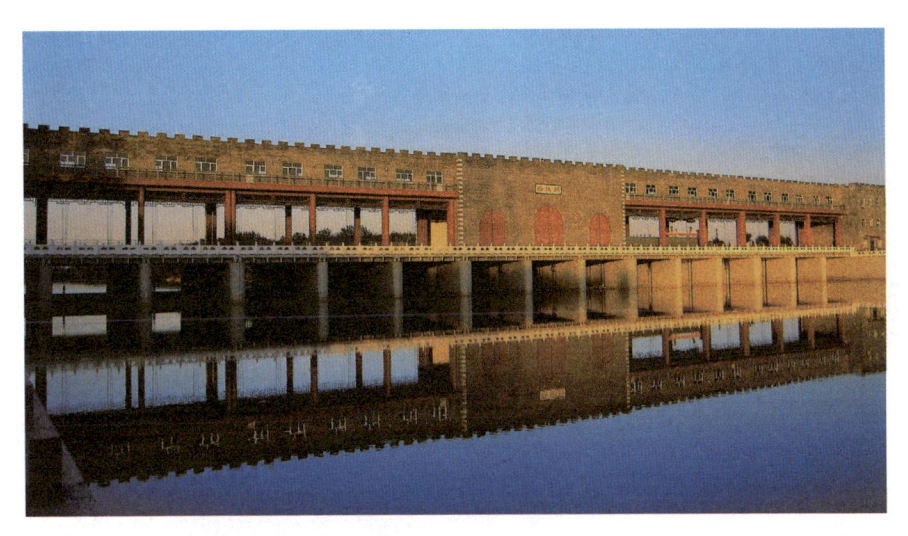

图6-14　余晖下的北运河杨洼闸（作者提供）

　　大运河从通州城中心流过，结合北京城市副中心建设、通州城区段12千米河道进行了综合治理，河道疏挖拓宽形成了200米宽的水面，如今的北运河虽听不到"艄公的号子"，看不见"船上的白帆"，却可以一睹"一条大河波浪宽"及河水荡漾、波光粼粼的景色。值得一提的是，2008年8月北京奥运火炬唯一的水上传递线路，在北运河源头通州城段举行。当时6艘仿古漕船行驶于运河之上，护送奥运火炬，以这种方式诠释了"绿色奥运，科技奥运，人文奥运"的奥运理念。（图6-15）（图6-16）

　　沿河道水面宽阔，两岸形成绿色长廊，分设特色景致。漫步左岸运河文化广场历史步道，仰望韩美林大师的雕塑《东方》（图6-17），以敬畏的心情注目郭守敬塑像，古色古香的运河牌楼（图6-18）、奥体中心体育场馆等各色文化设施于绿树间与休闲步道相连，宁静而又富有现代气息。

　　运河万亩森林公园随两岸滩地起伏而建，绿树成荫，湿地浅滩、水鸟成群成为北京的一所天然氧吧，成为可观、可赏、可游玩的运河新

图6-15 运河宽阔的水面——"一条大河波浪宽"（作者提供）

图6-16 2008年8月7日奥运火炬在北运河传递，运河文化与奥运精神完美结合（作者提供）

图6-17 《东方》，青铜雕塑，韩美林创作（作者提供）

上方一条巨龙头向东方，下面为三只巨大的麒麟。雕塑高32米，重260吨。

图6-18 运河文化广场牌楼（作者提供）

　　景，为市民提供滨水休闲、文化娱乐的场所。（图6-19）（图6-20）

　　为再现漕运功能，如今的北运河开发了"运河水上游"娱乐项目。以运河为中心，沿岸建有5个功能各异的码头，作为水上游览的停靠地。其中"漕运码头"曾作为电视连续剧《漕运码头》的拍摄地。码头上绿色琉璃瓦顶的过斛厅以及小青瓦屋顶的辘轳井房，似乎都在向人们诉说着漕运往事。（图6-21）（图6-22）

图6-19 运河奥体公园（作者提供）

图6-20 运河森林公园湿地景观（作者提供）

图6-21 运河上嬉戏的水鸟（杨彦国摄）

图6-22 今日的运河"漕运码头"（作者提供）

  右岸的月岛闻莺观景阁是由运河治理疏挖扩宽时的弃土堆筑而成，已是运河沿岸新的标志性建筑。登高远望，千年运河一川碧水如镜，两岸绿荫夹道，串起春光美景，令人心旷神怡。2017年2月，习总书记视察北京城市副中心，在观景台上俯瞰大运河，做出了大运河文化遗产保护的重要指示。（图6-23）（图6-24）（图6-25）

  如今，虽然漕运不再兴盛，但北运河因其独特的地理位置，深厚的文化底蕴，"水清、岸绿、流畅"的形象，已成为京津冀协同发展的绿色生态纽带，生生不息，悠远绵长。（图6-26）（图6-27）

图6-23　运河上游人泛舟观景（作者提供）

图6-24　运河月岛观景阁（杨彦国摄）

图6-25 运河晨曦（作者提供）

图6-26 运河冬韵（作者提供）

图6-27 运河绿色廊道（作者提供）

大运河——北京文化"金名片"

人们常说:"长城是一撇,运河是一捺。"古老的京杭大运河与悠久的长城并驾齐驱,彰显着北京的古老与文明。历史的文明离不开河流润泽,在首都北京这片热土上,现代化的气息固然令人叹为观止,然而,深邃的人文底蕴则是任何现代设施所无法比拟的。星罗棋布的文物古迹、丰富多彩的民俗民间文化、灿若银河的名人佳作……更使运河成为现代人精神文化需求的心仪之地。2014年6月22日,在卡塔尔多哈召开的联合国教科文组织第38届世界遗产委员会上,"中国大运河"被批准列入《世界遗产名录》,成为中国第46个世界遗产项目。北京也骄傲地迎来了她的第7个世界文化遗产,成为国际上拥有世界文化遗产最多的城市。

针对大运河这样活态、线性的遗产,北京努力挖掘遗产历史文化内涵,推动大运河文化带建设,让古老的大运河与时俱进,焕发新的生机。

"尽道隋亡为此河,至今千里赖通波。若无水殿龙舟事,共禹论功不较多。"当年挖修大运河的隋炀帝,被世人痛骂了两千多年。随着历史的推移，人们渐渐淡忘了隋炀帝的淫奢无度，而把更多的记忆定格在了大运河流不尽的繁荣盛景，停留在造福沿河百姓的恩惠上。

北运河作为京杭大运河的最北端，历史上曾一度风光无限，特别是经济社会高速发展的今天，北运河的治理和文化传承意义更是重大，既体现了现代"生态水务、民生水务、科技水务"的理念，又体现了广大人民群众对幸福指数的更高追求，是文明社会的重要表象。

2014年习近平总书记视察北京时，实地考察了玉河河堤遗址，指出："历史文化是城市的灵魂，要像爱惜自己的生命一样保护好城市历史文化遗产。"时隔三年，习近平总书记再次视察北京时强调："通州有不少历史文化遗产，要古为今用，深入挖掘以大运河为核心的历史文化资源。保护大运河是运河沿线所有地区的共同责任，北京要积极发挥示范作用。"运河文化的建设，既是文化工程，也是生态工程、精神工程、发展工程。（图6-28）

2016年中共中央确定通州为北京城市副中心，2019年1月北京市政府

图6-28 运河新城（作者提供）

图6-29　运河森林公园荷花塘（作者提供）

正式迁入通州，新的行政办公区坐落于大运河畔，这是北京城市发展史上的历史变革。北京所拥有的近千年的运河文化将成为未来北京城市发展的重要文化支撑。流淌千年的大运河水脉为北京留下了丰厚的历史文化遗产，也承载着北京的历史文化精髓。我们要讲好大运河历史文化故事，诠释北京运河文化这张金名片。（图6-29）（图6-30）

图6-30　北京城市副中心行政办公区（作者提供）

参考文献

[1] 吴仲.通惠河志[M].段天顺，蔡蕃，点校.北京：中国书店，1992.

[2] 北京市水务局水务志办公室.话说北京的河湖泉[M].北京：[出版者不详]，2009.

[3] 陈喜波.漕运时代北运河治理与变迁[M].北京：商务印书馆，2018.

[4] 胡伯良.我们的大运河[M].杭州：浙江文艺出版社，2008.

[5] 北京市通州区文化馆.不能隔断的记忆[M].北京：大众文艺出版社，2010.

[6] 方砚，北京市通州区文学艺术联合会.通州"非遗"印象——老通州漕运民俗风情[M].北京：[出版者不详]，2010.

[7] 北京市通州区文化委员会.北京城市副中心通州历史文化丛书[M].北京：北京联合出版公司，2016.

[8] 北京市通州区交通局.通州交通志[M].北京：[出版者不详]，2000.

[9] 政协通县文史资料委员会，文史选刊编辑部.[文章名不详][J].文史选刊，1993（7-13）.

[10] 段天顺，李永善.水和北京：北京历代咏水诗歌选[M].北京：中国水利水电出版社，2006.

[11] 方志新.魅力高碑店[M].北京：中国书画出版社，2007.

[12] 李裕宏，北京水务志编纂委员会办公室.京城河湖水系史话[M].北京：[出版者不详]，2012.

[13] 杨进怀，马冬春等.寻古润今：北京水文化遗产辑录[M].武汉：长江出版社，2015.

[14] 贾兵强，朱晓鸿.图说治水与中华文明[M].北京：中国水利水电出版社，2015.

[15] 北京市朝阳区高碑店乡高碑店村志编纂委员会.高碑店村志[M].北京：方志出版社，2017.

[16] 北京水务志编纂委员会办公室.北京志·水务志（初稿送审稿）1991年—2010年[M].北京：[出版者不详]，2015.

[17] 北京市通州区文化委员会，北京市通州区图书馆.北京通州历史舆图[M].北京：北京燕山出版社，2017.